영적 바이러스를 치료하라

Heal a Spiritual Virus

팰라기우스의 포로가 된 교회

팰라기우스의 포로가 된 교회

영적 바이러스를 치료하라

Heal a Spiritual **Virus**

김홍만 지음

솔로몬

영적 바이러스를 치료하라

2015년 5월 26일 초판 3쇄 발행

지은이　김홍만
펴낸이　박영호
펴낸곳　도서출판 솔로몬

등록번호　제 16-24호
등록일　1990년 7월 31일

주소 : 서울시 동작구 사당3동 207-3 신주빌딩 1층
TEL : 599-1482　FAX : 592-2104
직영서점 : 596-5225

ISBN : 978-89-8255-439-1　03230

저작권ⓒ2009, 김홍만
이 책의 저작권은 저자에게 있습니다. 저자와 출판사의 허락 없이 내용의 일부 또는 전부를 복사하거나 인쇄하는 것을 금합니다.

Copyrightⓒ2009 by HongMan Kim
All right reserved including the rights of reproduction in whole or in part in any form.

＊정가는 뒷표지에 있습니다.
＊잘못되거나 파손된 책은 구입하신 서점에서 교환하여 드립니다.

책 머리에

오늘날 교회 개혁이란 단어는 생소하지 않다. 또 교회 개혁을 위한 협회도 만들어져 있고 실제로 교회 개혁을 위하여 세미나도 개최하는 등 실로 교회 개혁을 위하여 열심을 내고 있다. 뿐만 아니라 지역 교회 가운데에서도 교회 개혁을 위하여 여러 가지 제도를 개선하고 그를 통하여 교회 개혁을 이루려고 힘을 기울이고 있다.

이렇게 교회 개혁을 이루기 위해 애를 쓰고 있는 것은 사실인데, 무엇을 어떻게 개혁 해야 하는 지를 파악하지 못하고 있는 모습을 본다. 먼저 교회를 개혁하기 위해서는 교회의 문제가 무엇인지를 파악해야 하고, 그리고 그 문제의 원인을 분석하여 그 문제의 근원을 고쳐야 한다. 그러나 오늘날 교회 개혁을 위한 일련의 운동 속에서 바로 이것을 하지 못하고 있다. 예를 들면 교회

개혁 세미나가 목회자의 자기 성찰 수준으로 끝나는 모습을 쉽게 볼 수 있다. 물론 이것은 중요하고 필수적인 것이지만 교회 개혁의 엄청난 주제 아래에서 이러한 수준이라면 진정 칼빈이나 청교도들이 이루었던 교회개혁이나, 더 나아가서는 사회 개혁과 같은 것을 이룰 수 없다.

교회 개혁이란 루터나 칼빈, 존 낙스, 청교도들이 이미 모범을 보여 준 것과 같이 철저히 신학적이며 영적인 것이다. 그 문제의 근원을 신학적으로 파헤치고 그 오류를 지적하여 교회로 하여금 그 무지와 오류로부터 벗어 나게 하여 개혁을 이루어야 한다. 이것은 신학적이기 때문에 영적인 것이다. 둘은 분리 될 수 없다.

따라서 본서는 교회 개혁을 위해 바로 그러한 접근을 시도하였다. 특히 필자는 교회의 잘못된 신학이 교회를 망가트리며, 경건의 능력을 상실하게 하고, 영적 기준과 도덕적 기준 자체를 낮추어 거룩성이 결여된 교회로 만들고 있다고 판단하기에 그 원리를 철저히 파헤쳤다. 무엇보다 교회의 질병의 원인인 잘못된 신학이 영적 바이러스라고 할 수 있는데 이것을 제거해야 한다.

필자는 이 책을 통하여 목회자와 교회의 지도자들이 교회의 문제의 원인을 파악하기를 간절히 바란다. 그래서 그 질병의 원인인 바이러스를 찾아내서 치료함으로 교회의 개혁을 이루기를 원한다. 그리고 이러한 개혁의 불길이 점점 더 확산되어 한국 교회의 개혁이 이루어 지기를 소망한다.

2009년 8월
저자 김홍만

목 차

책 머리에 | 5

서론 | 11

1 영적바이러스로 인하여 나타나는 증상들 | 15
2 사도 바울의 영적 바이러스에 대한 경계 | 21
3 초대교회의 영적 바이러스 (1) : 다른 복음(Another Gospel) | 25
4 초대교회의 영적 바이러스 (2) : 영지주의(Gnosticism) | 29
5 마르키온(Marcion of Sinope, c.80-c.160) | 33
6 몬타누스(Montanus) | 37
7 아리안주의(Arianism) | 41
8 펠라기우스(Pelagius) | 45
9 세미-펠라기우스주의(Semi-Pelagianism)와 로마 가톨릭교회 | 53
10 에라스무스(Erasmus)와 루터(Luther) | 57
11 트렌트 공의회(Council of Trent, 1545-1563)와 칼빈(Calvin) | 63
12 알미니우스(Arminius) | 69

13 영국의 알미니안주의(English Arminianism)와 청교도들(Puritans) | 81
14 도덕률폐기론(Antinomianism) | 91
15 찰스 촌시(Charles Chauncy) | 99
16 하이퍼 칼빈주의(Hyper-Calvinism) | 109
17 존 웨슬레(John Wesley)와 알미니안주의(Arminianism) | 119
18 찰스 피니의(Charles Finney) 부흥주의(Revivalism) | 133
19 완전주의(Perfectionism)와 성결운동(Holiness Movement) | 145
20 오순절주의(Pentecostalism) | 163
21 자유주의 신학(Liberalism) | 169
22 세계교회협의회(World Council of Churches) | 179
23 장로교(PCUSA)의 1967년 신앙고백 | 187
24 20세기의 세상적인 복음주의(Worldly Evangelicalism) | 197
25 개혁신학의 역동성(Dynamics of Reformed Theology) | 219

서론

청교도들은 교리의 순수성과 그것에 따른 목회의 순수성을 지키기 위해 생명을 걸고 일하였다. 그렇게 한 이유는 교리의 타락이 교회를 타락시키고 성도들을 타락시키며 위선자로 만드는 그 원리와 과정을 잘 알고 있었기 때문이다. 교회사를 개관하면서 청교도들의 통찰력이 옳았음을 알 수 있다. 교회 역사 속에서 잘못된 신학들이 교회에 계속 들어와 많은 사람들을 혼동 속에 빠트리고 하나님의 바른 길에서 벗어나 곁길로 빠지게 하며 명목적인 신자들(nominal Christian)과 위선자들을 양산 하였다. 이러한 잘못된 신학들은 복음에 많은 혼동을 갖다 주고, 사람들을 교만하게 만들었으며 또한 인간 중심이 되게 하였다. 이 뿐 아니라 교회로 하여금 영적인 게으름에 빠지게 하며 성도의 책임을 무시하는 풍조를 만들어 경건의 능력을 상실하고 영적으로 기아 상태에 이르게 하였다.

그런데 더욱 그 문제가 심각한 것은 이러한 잘못된 신학들이 교묘하게 교회 속으로 침투해서 얼른 봐서는 잘못된 것으로 보이지 않으며, 특별한 문제가 없어 보이기도 할 뿐 아니라 때로는 이러한 잘못된 신학이 오히려 더 인간의 합리적 이성에 부합하고, 교회성장과 같은 외적 효과를 가져다 주기 때문에 더욱 인기가 있는 경우가 많다. 그러나 이것은 잠복기를 걸쳐 교회의 체질이 약하여 졌을 때 발병하여 교회에 치명적인 큰 손상을 입힌다. 잘못된 신학의 이러한 특성을 우리는 영적 바이러스라 부른다. 또한 영적 바이러스인 잘못된 신학의 주 임무가 하나님 나라의 진전을 방해하고 교회를 무력화하려는 전략적 특성을 갖고 있기에 하나님의 참된 부흥이 일어나면 그 부흥을 무력화 시키기 위해 더욱 극성을 부린다. 반면에 교회 역사 가운데 영적 바이러스로 인해 병든 교회를 고치려고 애쓰는 경건한 목회자들의 수고가 있을 때 종교 개혁과 부흥이 일어났다. 그리고 하나님의 백성들이 진리와 바른 교리를 회복함으로 교회는 경건의 능력을 되찾을 수 있었다.

따라서 교회 개혁을 원한다면, 교회가 어떤 영적 바이러스에 감염되어 병이 들었는가를 검사하여 알아 낼 수 있는 영적이면서 신학적 의사들이 필요하며, 그 병의 심각성 때문에 병을 고치고자 애쓰는 그들의 수고가 반드시 요구된다. 이들의 경건한 수고에 대해서 하나님께서 복을 주시면 그것이 종교 개혁이 되고 때로는 영적 대각성으로 일어나며 부흥이 되기도 하는 것이다. 이렇게 하나님께서 부흥을 주시면 이것에 대적하여 하나님께서 주신 부흥을 헛되게 하기 위해 영적 바이러스들이 더욱 극성을 부리기 때문에 경건한 목회자의 노력과 경계는 더욱 필요하게 된다. 이것은 하나님 나라와 사탄의 나라의 충돌이 이 지상에서 계속되기 때문에 이러한 싸이클은 불가피하다. 이러한 싸이클의 한 예를 든다면, 조나단 에드워즈는 1차 영적 대각성이 일어나기 전 교회의 경건을 무너트리는 주된 영적 바이러스인 알미니안주의에 대해서 그 오류를 계속 지적하였다. 영적 대각성이 일어났을 때 알미니안주의자들은 이성주의자들로 그 모습을 바꿔 부흥에 대하여 비난하였으므로 조나단 에드워즈는 다시 그들의 오류에 대항하였다. 영적 대각성이 끝난 후 알미니안주의자들은 새로운 세력을 형성하여 다시 교회를 향하여 공격하였다. 따라서 조나단 에드워즈는 마지막 죽는 날까지 알미니안주의자들의 오류와 싸웠다. 결국 이러한 싸이클 가운데 중요한 것은 영적 바이러스의 특성과 효과를 파악하여 그것으로부터 보호하여 교회의 진리와 거룩성을 보존하는 책임이 우리에게 있으며 한시라도 영적으로 게을러서는 안된다는 것을 우리에게 말하여 준다.

결국 이 책에 기술된 영적 바이러스에 대한 신학적 서술은 단지 신학이 연구실의 공간이나 머리에서 머무는 것이 아니라 교회에 직접적으로 도움을 주어야 하는 선교학적 측면에서 쓰여진 것이다. 그리고 이러한 연구들이 한국 교회 개혁에 가장 필수적인 것임을 깨달아 쓰게 되었고 보다 깊은 연구를 원하는 경건한 목회자들을 위하여 인용의 출처들을 분명하게 기록하였다.

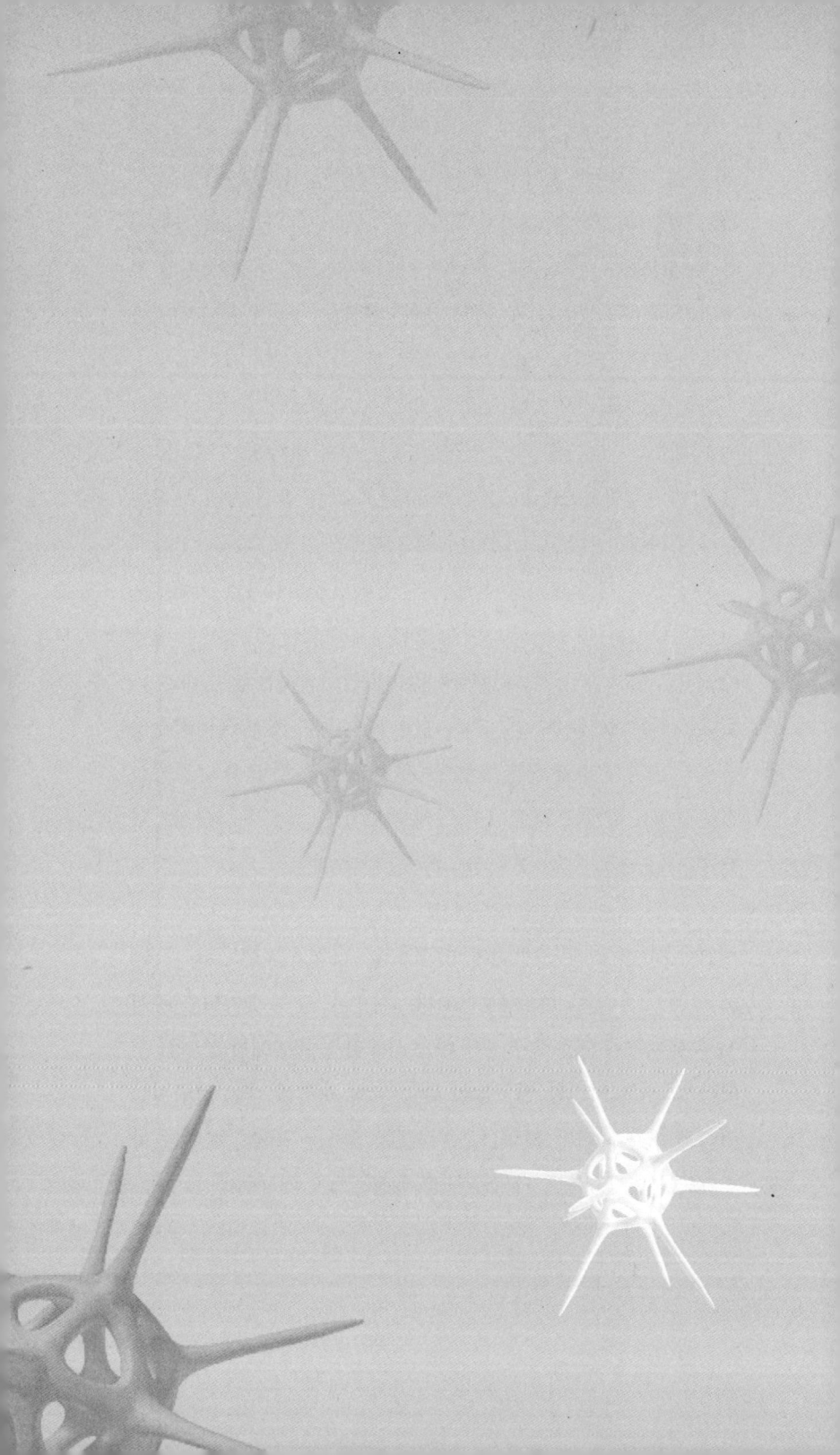

1. 영적 바이러스로 인하여 나타나는 증상들

영적 바이러스인 교회의 잘못된 신학과 가르침은 곧바로 교회 속에 있는 자들을 병들게 만든다. 그들은 어그러지고 위선적인 삶을 살면서도 그 잘못된 가르침 때문에 잘못된 확신(Wrong-Assurance)을 가지고 산다. 예를 들면 어떤 이는 현재 의도적으로 계속 죄를 짓고 있으면서 한번 구원은 영원한 구원이라고 하면서 자신은 구원 받았다고 주장한다.[1] 이런 경우 우리의 구원 속에 성화(Sanctification)가 포함되어 있다는 올바른 가르침을 받았다면 감히 이렇게 살지 못하였을 것이다. 이렇게 영적 바이러스에 감염되면 질병에 걸리게 되고 때로는 그 증세가 중증인 경우도 있다. 따라서 영적 바이러스들의 특징을 각각 상세히 살피기 이전 바이러스에 감염되어 나타나는 질병의 유형을 살핀다면 영적 바

---

1) 영원 칭의 (eternal justification)의 주장이다. 이러한 성향은 도덕률폐기론자들 (Antinomianism) 에게서 나타난다.

이러스와 교회의 관계를 더욱 잘 이해 할 수 있을 것이다.

영적 바이러스로 인한 그 질병들의 증세는 대략 6가지로 정리 할 수 있다. 첫째로, 인간 중심적인 믿음의 해석으로 자기가 그 중심이 되는 알미니안적인 태도이다. 예를 들면 "하나님께서는 내가 잘사는 것을 원하실 것이다. 따라서 내가 주일을 어기고 사업을 하건 혹은 경건치 못한 사업을 하건 관계없이 내가 잘살면 하나님께서 좋아하실 것이고 하나님 앞에 더욱 많이 헌금하면 된다" 라고 말하는 교회의 직분자들을 볼 수 있다. 이들은 항상 자신의 의로움을 주장하며 하나님의 은혜보다는 자신의 능력과 인간의 방법 및 수단을 더욱 의지한다. 그래서 그들은 매우 육신적이며 교만한 모습을 나타낸다. 이러한 증상이 나타나는 이유는 그 영적 바이러스가 가장 근본적인 칭의 교리를 변형 시켰기 때문이다.

둘째로, 은혜 아래에서 방종의 삶을 사는 증상을 볼 수 있다. 이들의 특징은 도덕법을 그리스도인의 행위의 원리와 성화의 원리로 채택하는 것을 거부하고, 하늘로부터 직접 계시를 주장하기도 하면서 무질서의 삶을 산다. 그 입술에서는 은혜를 부르짖으면서도 성화의 삶이 전혀 없는 경우이다. 그들에게 있어서 죄를 미워하고 죄와 싸우는 모습을 기대할 수 없다. 왜냐하면 도덕법을 버렸음으로 죄를 측량하는 기준이 없기 때문이다. 이러한 증상은 도덕률폐기론(Antinomianism)의 영적 바이러스에 감염되어 나타나는 증상이다.

셋째로, 구원의 은혜에 대한 사람의 책임을 완전히 무시하고 무엇이든지 하나님께서 다 알아서 하실 것이라고 하면서 쉽게 죄에 빠지고 심각한 죄에 빠져 있는 자들이다. 그리고 이들은 죄에 빠져 있어도 결국에 하나님께서 회개하게 하실 것이라고 생각한다. 더욱이 이들은 내가 기도를 하지 않아도 하나님이 다 아시기 때문에 괜찮다라고 쉽게 말한다. 또한 전도나 선교에 대해서도 하나님께서 구원하실 백성을 다 아시므로 하나님께서 하실 것이다 라고 하면서 복음증거의 의무를 무시한다. 이러한 증상은 하이퍼 칼빈주의(Hyper-Calvinism)란 영적 바이러스에 감염되어 나타나는 현상이다.

넷째로, 은사주의자들 가운데서 쉽게 볼 수 있는 증상이 있다. 그들의 증상을 보면 은사를 받은 자로서, 같은 성령으로부터의 선한 열매를 맺지 못하는 증상이다. 그들은 성령의 은사를 구원의 은혜로 착각하여서 은사 그 자체로 자신이 믿음이 있는 것으로 오해한다. 따라서 경건의 덕목을 이들에게서 찾아 보기 힘들다. 이러한 증상은 특히 알미니안 신학에 배경을 둔 오순절운동주의 교회에서 더욱 쉽게 볼 수 있다.

다섯째로, 자유주의 신학의 영적 바이러스에 감염된 자들이다. 이들은 교회에 출석하고 외적인 신앙 생활을 다 지키지만 외식적이며, 명목적인 신자들이라 할 수 있다. 이들은 교회생활을 하면서도 영적으로 거듭남에는 관심이 없고, 단지 외적인 종교적 행위에 자신의 믿음의 근거를 둔다. 그래서 그들은 도덕주의자들이

기도 하다. 그러나 그들에게 경건의 모습이 있을 지라도 경건의 능력을 부인하는 자들이다. 왜냐하면 경건을 도덕으로 대체 하였고, 거듭남 없는 삶의 개혁을 주장하기 때문이다. 더욱이 이들은 예수의 신성을 무시하기 때문에 인본적이요 정치적 성향을 가지고 있다. 그 예로 그들이 사회개혁을 부르짖기도 하지만 그 수단이 영적인 것을 결여하고 있기 때문에 매우 정치적이다.

마지막 여섯째로, 오늘날 유행중심의 복음주의 교회에서 발견되는 현상으로 성경의 중요한 교리들이 전혀 반영되지 않은 가사와 육적 멜로디인 발라드 풍이나 심지어 가사가 전혀 들리지 않는 멜로디로 노래를 과도하게 부르며, 때로는 온갖 현대 장비를 동원해서 감정에 치우친 예배를 통해 은혜 받았다고 생각하는 중상의 병이다. 이들에게 있어 예배는 하나님을 경외하고 섬기는 것이 아니라 자신을 스스로 위로하기 위한 수단으로 사용된다. 그리고 때로는 오락적 성향이 농후하여 축제라는 미명 아래 육신적으로 즐기려는 경향까지 나타난다. 이러한 것에 더하여 교회는 사람들의 편리를 제공하기 위해 주일예배 대신 토요 예배를 드리게 하며 쉽게 믿는 풍조를 양산하고 복음을 싸구려로 전락시킨다. 이러한 교회 속에서 교인들의 모습은 굳건하지 못하고 쉽게 흔들리며 때로 스스로를 은혜가 많은 자로 착각하여 교만하기 이를 데 없다. 그리고 마치 마약중독자와 같이 감정적 예배를 반복하고 딱딱한 말씀을 듣기를 좋아하지 않는다. 이것은 교회 전체가 병든 모습이라고 할 수 있다. 이러한 모습들은 찰스 피니(Charles Finney) 이후의 부흥주의(Revivalism)와 감정주의(Emotionalism)

의 영적 바이러스에 감염되어 나타나는 증상이다.

이렇게 교회가 경건의 능력을 잃어가고 명목적 신자가 늘어나며 위선자가 더욱 활기를 띠는 것은 교회에 침투한 영적 바이러스로 인한 것이다. 따라서 존 낙스, 존 칼빈과 영국과 뉴잉글랜드의 청교도들이 하였던 것과 같이 또 18세기의 조나단 에드워즈가 하였던 것과 같이 영적 바이러스와 싸워야 하며 교회가 그 영적 무지와 오류에서 벗을 수 있도록 도와줌으로 영적 바이러스로 감염된 것으로부터 회복시켜야 한다.

2. 사도 바울의 영적 바이러스에 대한 경계

사도 바울은 에베소 지방에 들어가서 3년 동안 말씀을 가르쳤다. 그의 사역의 결과로 교회가 세워졌다. 그런데 바울이 예루살렘을 갔다가 로마로 가려는 계획을 가지고 여행을 하는 가운데 에베소 교회를 방문하려고 하였으나 시간이 지체 될 것을 염려하여 밀레도에서 에베소 교회의 장로들을 청하여 목회적 권면을 하였다. 바울은 장로들에게 거짓 교사들이 들어와서 잘못된 교리를 전하여 사람들을 유혹할 것을 주의시켰다(행 20:29-30).

이러한 거짓 교사 혹은 선지자들의 잘못된 교리와 가르침은 비록 그들이 하나님을 안다고 말하지만 행위로 주를 부인하도록 만들고, 죄에 방임하도록 만드는 특징을 가지고 있다(벧후 2:1-2). 그래서 이러한 거짓 가르침은 사람들로 자신들이 은혜 아래에 있다고 착각하게 만들고 그러면서 죄를 방조하도록 만든다. 이러한 잘못된 교리는 하나님의 은혜의 교리와 복음에 나타난 그리스도의 은덕을 남용(abusing)하고, 특별히 그리스도인의 자유(liberty)의 교리를 오용하게 만들어서 죄를 짓는 기회로 삼는다(유 1:4). 바울은 이러한 잘못된 교리로 인한 은혜의 남용과 오용을 매우 경계하였다. 특히 그는 로마서 6:1-2절에서 죄가 많은 곳에 은혜가 많기 때문에 혹은 얼마든지 그리스도로 말미암아 죄를 용서 받을 수 있기 때문에 마음껏 혹은 부담 없이 죄를 짓는 것은 도무지 있을 수 없다고 경고하였다. 이렇게 바울이 경계하고 주의를 주었음에도 불구하고, 루이스 스페리 세퍼(Lewis Sperry Chafer)는 고린도전서 2:15-3:3을 가지고 두 종류의 그리스도인을 말하였다. 즉 영적인 그리스도인(spiritual Christian)과 육적인 그리스도인(carnal Christian)이다. 육적인 그리스도인은 구원 받지 못한 자와 똑같이 살아가는 그리스도인이라고 설명하였다.[2] 하지만 이것은 바울이 말한 영적인 것과 육적인 것의 구별을 무시하는 잘못된 해석이다. 아직 육적이라는 것은 거듭나지 않은 것을 말하는 것이다. 육적인 그리스도인이라는 말은 스스로 모순이다. 왜냐하면 거듭나지 않았는데, 어떻게 그리스도인이 될 수 있는가? 더욱이 세퍼는 바울의 수사학적 기법을 이해하지 못해서, 아직 죄 가운데 있는 자도 그리스도인이라고 생각한 것이다. 그의 이러한 이해는 많은 사람들로, 거짓 확신을 가지게 만든다. 여전히 죄 가운데 있음에도 불구하고 자신이 구원 받은 백성인 것으로 착각하게 만들기 때문이다. 이러한 문제들은 이미 초대 교회에서부터 있었다. 그래

---

2) Lewis Speery Chafer, *He that is Spiritual* (Grand Rapids: Zonservan, 1967), p. 21.

서 사도 요한은 요한일서에서 여러 번 지적하고 있는데, "저를 아노라 하고 그의 계명을 지키지 않는 자는 거짓말하는 자요 진리가 그 속에 있지 아니하며"(요일 2:4) 즉 하나님을 안다고 말하지만 하나님의 계명을 지키지 않는 자는 아직 거듭나지 않았다는 것이다. 또한 요한일서 3:6절과 9절에서는 습관적으로 계속 죄를 짓는 자는 아직 거듭나지 않았으며, 하나님을 사랑하지 않고, 형제를 미워하는 자도 역시 아직 거듭나지 않았다고 말한다(요일 5:1-3).

　잘못된 교리 혹은 가르침은 은혜를 남용하거나 오용하도록 만든다. 이는 마치 바이러스가 몸에 침투하여서 몸의 조직과 세포를 병들게 하여 심지어 사망에 이르도록 만드는 원리와 같다. 그 결과 이러한 영적 바이러스가 교회와 성도에게 침투하면 교회와 성도를 병들게 만들어 버린다. 따라서 목회자와 성도는 이러한 영적 바이러스의 실체에 대해서 알고 있어야 하며, 병들게 하는 증상과 원인들을 잘 분석 할 수 있어야 교회를 건강하게 할 수 있다.

3. 초대 교회의 영적 바이러스 (1)
: 다른 복음(Another Gospel)

■ ■ ■

사도 바울은 갈라디아 교회에게 보낸 편지에서 "다른(구원의) 복음"에 대해 심각한 경고를 하였다. 갈라디아서 1:6, 7절에서 언급하고 있는 다른 복음이란 거짓 교사와 사도들의 잘못된 구원 교리를 의미한다. 다른 복음은 그리스도의 복음을 내어 던지도록 만들었는데, 의롭다 여김을 받기 위해서는 그리스도에 대한 믿음과 함께, 할례와 율법의 의식을 지켜야 한다는 주장이었다. 물론 다른 복음이 그리스도의 복음을 전체적으로 부정을 하지 않았다 할지라도, 그리스도에 대한 믿음의 충분성을 부정한 것이기 때문에 이단적인 것이다. 왜냐하면 그리스도를 믿는 다는 것은 이미 자신의 어떤 행위로도 의롭게 될 수 없다는 것을 철저하게 체험하였기에 자신이 의롭게 되고자 하는 것을 포기하고, 오직 그리스도 안에서 하나님으로부터 의로워졌다는 선언을 기다리는 것을 전제로 하고 있기 때문이다. 그러나 여전히 자신이 율법의 의식들을 준수해서 의로워지려고 하는 것은 아직 그리스도께 항복하지 않은 것이며, 더욱이 자신의 영적 무능력을 인정하지 않은 것으로써 구원의 은혜에 준비 되지 않았다는 것을 의미한다.

그러나 어리석은 사람들은 믿음으로 의롭게 된다는 교리의 영적 의미를 깨닫지 못하고, 자신의 행위로 다시 의롭게 되려고 한다. 사실 이러한 거짓 가르침이 문제가 있음에도 불구하고 더욱 인기를 가진다. 왜냐하면 죄인들에게 있어서 죄의 책망을 받고, 죄를 깨달을 뿐 아니라 죄로 인하여 자기 자신을 낮추며, 구원을 기다리는 것이 오히려 더욱 어려운 일이기 때문에, 차라리 본인이 어떤 종교적 의무와 행위를 하여서, 그것의 대가로 의로워지려는 길을 택한다. 따라서 이들은 더욱 쉬운 길인 자신의 행위를 의지해서 의로워지려고 하기 때문에 다른 복음을 취하게 된다. 특히 이들은 자신의 종교적 의식에 근거해서 자신의 구원의 확신을 취하려고 하기 때문에, 교만하여지게 되어 있다. 결국 인간 스스로의 행위에 구원의 근거를 두기 때문에 육체로 마칠 수 밖에 없다 (갈 3:3). 이러한 다른 복음에 전염된 자들은 구원의 은혜도 없는 상태에서, 구원 받은 것으로 착각하면서 살다가 결국 멸망하게 된다. 이러한 다른 복음은 교회사 속에서 계속 나타나는데, AD 418년과 431년에 정죄 받은 펠라기우스 사상이 그 대표적인 예라고 할 수 있다. 그런데 펠라기우스 사상은 오늘날도 복음주의 교회 내에서 유행하고 있다.

다른 복음에 전염이 된 자들을 고치는 방법은 진정한 구원의 도에 대해서 다시 가르치는 것이다. 우선 율법을 통해서 우리가 죄인이라는 사실을 인식케 하고 우리의 어떤 행위로도 스스로 의로워 질 수 없다는 것을 알고 체험케 하여야 한다. 그래서 율법을 통해 죄의 질책의 역사가 일어나 스스로 의로워지려는 시도를 포기하게 하고, 하나님의 구원의 방법을 기다리게 하여서, 결국 그리스도를 통해서 의로워지는 것을 깨닫게 하는 것이다(갈 3-4장). 이러한 다른 복음에 전염된 자들을 치료함에 있어 가장 중요한 것은 구원에 있어서 인간의 무능력함과 어떤 의로움도 없다는 것을 철저히 인정하게 하는 것이다. 물론 이것은 하나님의 말씀을 전하는 가운데 성령의 역사로 가능한 것이다.

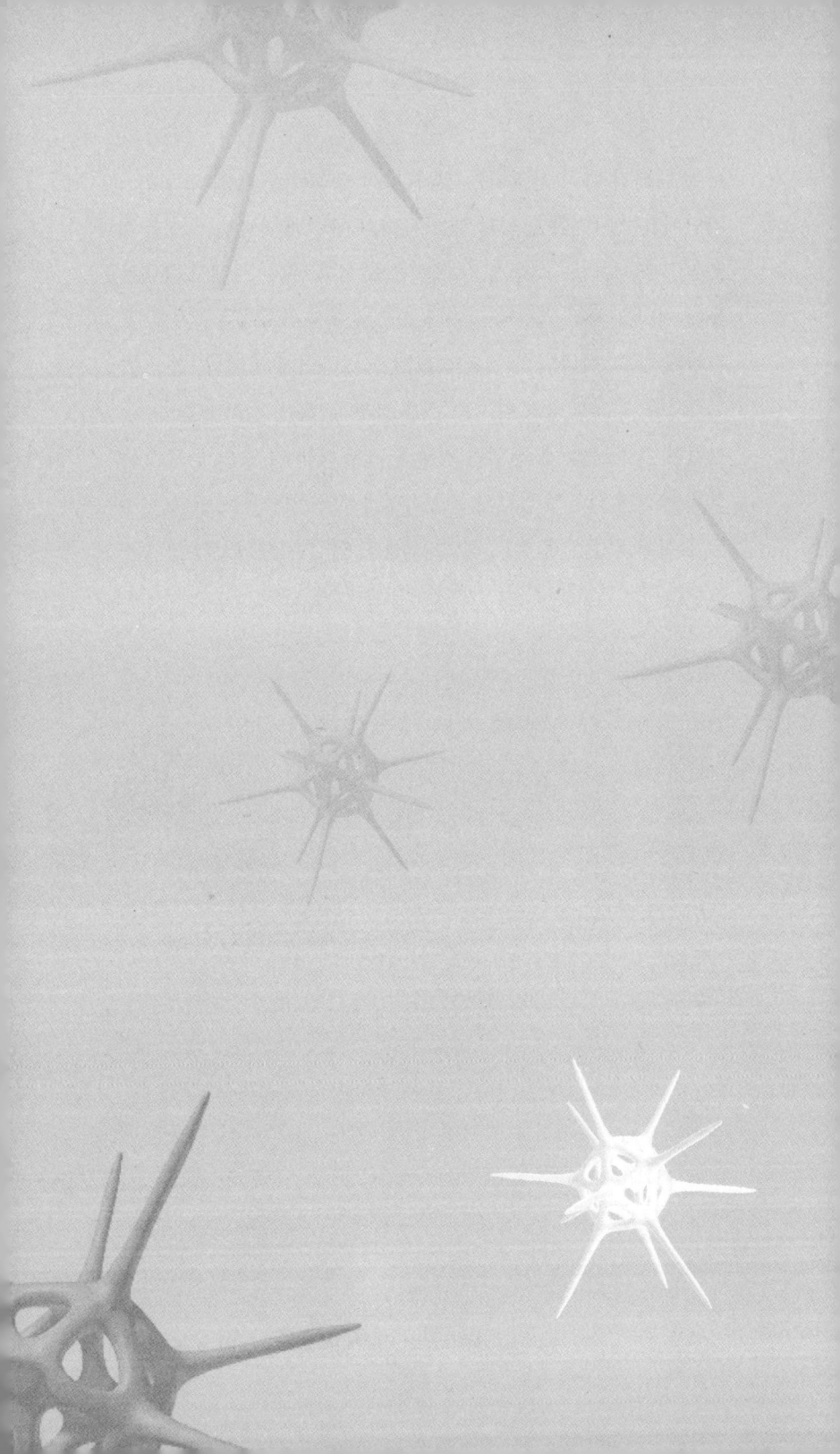

4. 초대 교회의 영적 바이러스 (2)
: 영지주의(Gnosticism)

초대교회에 영지주의자들이 나타나게 되었는데, 골로새서와 요한일서는 이러한 영지주의자들의 오류에 대한 반박의 서신이라 할 수 있다. 영지주의자들은 물질을 죄악시하기 때문에 구약성경에서 우주 만물을 창조하신 하나님을 저급한 신으로 본다. 그 결과 그들은 구약성경을 저급한 신의 계시로 여긴다. 그리고 구약의 하나님의 아들인 예수그리스도의 사도들 보다 자신들이 더욱 월등하다고 생각하며, 믿음이 아니라 특별히 얻은 비밀 지식을 통하여 물질의 속박에서 벗어나 신의 세계로 들어가는 것을 구원이라고 생각하였다. 그리고 예수는 육체로 태어난 것이 아니라 오직 육체를 입은 것처럼 보인 것이며, 공생애 동안 육신을 빌려 입었다고 주장하였다.

이러한 영지주의자들의 주장에 대해서 신약성경 가운데 사도

요한의 작품들은 이들의 논리를 잘 반박하고 있다. 말씀이 육신이 되었다는 말씀과(요 1:14), "하나님의 영은 이것으로 알지니 곧 예수 그리스도께서 육체로 오신 것을 시인하는 영마다 하나님께 속한 것이요"(요일 4:2)의 말씀이 바로 그것이다.

이러한 영지주의자들의 오류에 대항하여서 사도 요한은 다음과 같이 말하였다:

> "우리는 하나님께 속하였으니 하나님을 아는 자는 우리의 말을 듣고 하나님께 속하지 아니한 자는 우리의 말을 듣지 아니하나니 진리의 영과 미혹의 영을 이로써 아느니라"(요일 4:6)

여기서 우리 말이라는 것은 사도들의 가르침 혹은 교리이다. 즉 사도들의 가르침을 가지고 거짓 이단과 오류를 분별하여 퇴치할 것을 말하고 있다. 이렇게 사도들의 가르침과 교리는 참된 교회의 중요한 표식이다. 사도들의 가르침을 보존하고 가르치는 것은 진실된 교사와 목사의 중요한 직무이다. 더욱이 사도들의 가르침을 가지고 거짓 가르침과 오류를 분별하여 물리쳐야 한다. 그래서 교회는 영지주의자들을 퇴치하기 위해서 주후 125년 경부터 사도신경(12사도에 의해 작성된)을 공식적으로 사용하기 시작하였다.[3]

또한 이레니우스(c. 130-c. 200)는 "이단에 대하여"라는 작품에

---

3) 오늘날 한국교회에서 사도 신경을 공예배 순서에서 삭제하는 운동이 일어나고 있는데, 이것이 교회가 오류와 거짓 가르침에 상당히 심각하게 감염된 증거라고 할 수 있다.

서 영지주의자들의 문제점은 기독교회가 성경을 해석하는 것에 전통을 소유하고 있는 것을 부정하는 것이라고 밝혔다. 그는 교회가 사도들의 가르침을 역사적으로 계승하고 있으며, 교회는 사도들의 가르침과 해석에 있어서 신실한 상태로 남아 있다는 것을 강조하였다. 이레니우스는 말하기를,

> 누구든지 진리를 알기 원한다면 사도들의 전통(교리)를 살펴야 합니다. 이는 전 세계의 모든 교회에 이미 알려져 있는 것입니다. 우리는 사도들이 지명한 감독들과 그들의 숫자까지도 기억할 수 있습니다. 오늘날 교회에는 그들의 계승자들이 있으며, 그들은 사도들의 가르침을 가르치고 있습니다.…사도들은 진리를 완전하게 보전하여 우리에게 넘겨 주었습니다. 그 결과로 누구든지 이 생명의 물을 길어 마실 수 있습니다. 이것은 생명의 문입니다. 다른 모든 것들은 도적이요, 강도입니다.[4]

이렇게 사도들의 교리가 중요한데, 21세기 오늘날 복음주의 교회들은 이러한 교리를 무시하고 있다. 예를 들면, 오늘날 최고의 베스트 셀러인 릭 워렌의 "목적이 이끄는 삶"에는 다음과 같은 내용이 있다:

> 하나님께서는 당신의 종교적 배경 혹은 교리적 관점들에 대해서 묻지 않으실 것이다. 유일하게 물으실 질문은, 예수님께서 당신을 위해 하신 일을 받아들였는가? 그리고 당신이 예수님을 사랑하고 신뢰하는 것을 배웠는가?" (한글판 p. 44; 영문판 p. 34)

---

[4] Alister McGrath ed., *Historical Theology* (Oxford: Blackwell Publishing, 1998), p. 41.

즉 교리에 대해서는 묻지 말고 언급하지 말자는 것이다. 만약 릭 워렌의 말대로 한다면, 교회는 이단과 오류에 대해서 문을 활짝 열어 놓게 되는 것이다. 참으로 안타까운 오늘날의 복음주의 교회의 모습이다. 진리에 대한 분별력 없이 숫자적 성장 효과를 가져다 주면 그것이 영적 바이러스이든 관계 없이 받아들이고 있다. 그러나 영적 바이러스는 결국 교회를 병들게 하고 무너지게 만든다. 무엇보다 교회는 교리의 타락으로 인하여 경건의 능력을 잃고, 세속화되며, 부패되어 갈 것이다.

5. 마르키온 (Marcion of Sinope, c.80-c.160)

마르키온은 2세기 초에 나타난 거짓 교사이었다. 그는 구약 성경은 그리스도인의 성경이 아니라는 주장을 하였다. 그리고 일찍이 그리스도인의 정경이라고 알려진 책들을 모았으며, 누가복음의 요약판을 만들고 10개의 사도 바울 서신을 편집하였다(갈라디아서를 제일 앞에 두었다. 그리고 목회서신은 빠져 있다). 마르키온은 구약과 신약 사이에 모순되는 것을 열거하기도 하였다(마르키온의 작품이 보존 된 것은 없다. 단지 마르키온에 대항한 터툴리안의 "마르키온에 대한 반박" (Against Marcion)의 작품을 통해서 그의 주장을 재 구성하는 것이다). 마르키온은 바울만이 유일한 진짜 사도이며, 12사도는 유대화되어서 결국 거짓 사도가 되었다고 주장하였다.

마르키온은 2개의 신이 있다고 생각하였는데, 구약의 신은 창조주이시며, 율법과 공의의 신이시며, 신약의 신은 앞서 알려지지 않은 신으로서 예수 그리스도의 아버지이며, 자비와 구원의 신이라고 하였다. 마르키온은 알려지지 않은 신이라는 개념에서, 그리고 창조된 세상에 대해 부정적인 관점을 가지고 있는 것과 구약을 무시하는 것에 있어 영지주의자들과 함께 하고 있다.

마르키온의 거짓 가르침은 구약과 특히 율법을 부정하는 것에 있어서, 오늘날 여전히 교회에서 유행하고 있는 도덕률폐기론주의자(Antinomianism)의 가르침과 같다. 더욱이 미국의 세대주의자들의 가르침인, "이스라엘 민족을 옛 세대로 제한하며 기독교인들을 완전히 다른 시대와 다른 세대에 살고 있는, 즉 은혜의 세대에 살고 있다고 본다는 점에서 비슷한 특징을 가지고 있다고 하겠다."5) 더욱 구체적으로 예를 든다면, 미국의 세대주의자들은 십일조는 신약에서 폐지되었다고 주장한다. 그러나 십일조는 율법이 있기 전에 시행되었던 것이다. 그러기에 십일조는 신약시대에도 여전히 유효하다. 또한 이러한 마르키온의 영적 바이러스는 은혜의 시대에는 도덕법(율법)이 아니라 은혜로 산다고 말하면서, 성화의 수단인 도덕법을 무시한다. 그래서 이들에게는 행동의 규칙(Christian conduct of principles)이 없다. 이러한 문제에 대해서 사도 요한은 다음과 같이 분명히 말한다.

> 저를 아노라 하고 그의 계명을 지키지 아니하는 자는 거짓말 하는자요 진리가 그 속에 있지 아니하되(요일 2:4)

---

5) Harold Brown., 교회사안에 나타난 이단과 정통, 나은성 역 (서울: 그리심, 2001), p. 128.

> 우리가 하나님을 사랑하고 그의 계명들을 지킬 때에 이로써 우리가 하나님의 자녀 사랑하는 줄을 아느니라. 하나님을 사랑하는 것은 이것이니 우리가 그의 계명들을 지키는 것이라 그의 계명들은 무거운 것이 아니로다(요일 5:2-3)

이상에서 사도 요한의 말은, 진정으로 거듭난 자는 하나님을 사랑하게 되어 있으며, 하나님을 진정으로 사랑하는 자는 그의 계명을 즐겁게 지키는 것으로 나타나게 되어 있다는 것이다. 바울도 이러한 상황에 대해서 다음과 같이 말하였다.

> 육신을 좇지 않고 그 영을 좇아 행하는 우리에게 율법의 요구를 이루어지게 하려 하심이니라 (로마서 8:4)

로마서 8:1절은 예수 안에 있는 자에게는 결코 정죄 함이 없다고 선언한 뒤, 그 증거로서 예수 안에 있는 자는 육신을 좇지 않고 성령을 좇는 자요, 성령을 좇아 행하면 율법이 요구하는 것을 행하게 되어 있다는 것이다. 사도 요한의 말이나 바울의 말이나 같은 것이다. 이렇게 사도들의 가르침이 분명함에도 불구하고, 마르키온의 영적 바이러스는 오늘날 교회에 여전히 유행하고 있다.

6. 몬타누스 (Montanus)

몬타누스주의는 주후 약 170년경, 피리기아(Phrygia)에서 일어난 예언 운동이다. 몬타누스는 열광적인 상태에서 강권적인 예언을 하기 시작하였다. 몬타누스와 그의 지지자들은 몬타누스의 무아경의 상태는 그가 완전히 성령에 의해 지배 받는 상태라고 주장하였다. 몬타누스는 특별 계시와 성령의 기적적인 은사는 사도들의 시대로 끝나지 않았다고 말하면서 자신이 그러한 특별하고 새로운 계시를 받았다고 주장하였다. 몬타누스는 하나님의 계속되는 계시의 도구라고 하면서 사도들의 사역과 같은 수준이라고 선언하였다.[6]

미국 개혁신학교의 교수로 있었던 해롤드 브라운은 19세기 말

---

[6] 몬타니스트들의 주장은 몬타누스를 지지하였던 터툴리안의 글 (주후 206년 부터)에서 발견된다.

의 오순절주의의 발생을 몬타누스의 정신이 다시 살아났다고 말하였다. 물론 오늘날도 은사 운동(Charismatic)에서 이러한 직접 계시를 주장하고 있는데, 이것 역시 몬타누스의 재현이다. 오늘날 은사 운동에서는 꿈 같은 현상을 중요시하고, 심지어 강단에서 꿈을 해석하는 일이 벌어지기도 한다. 그리고 기적과 표적을 중요시한다. 존 맥아더 목사는 "카리스마 운동, 반지성적 복음주의, 성령의 제 3물결 운동(이적과 기사 및 개인적 예언을 지나치게 강조하는 신 카리스마운동), 레노바레(Renovare, 수도원제도, 고대 가톨릭 신비주의, 동방 종교 및 다른 신비주의적 전통들이 모두 합쳐져 만들어진 단체), 영적 전쟁운동, 및 현대의 예언운동 등이 신비주의 운동으로 보고 그 위험성을 지적하였다.[7] 맥아더 목사가 언급한 것들은 몬타누스의 바이러스에 감염된 운동들이다. 20세기를 걸쳐 오늘날까지 이러한 은사 운동에서 나타나는 현상은 하나님의 말씀을 제쳐 놓고 표적과 기적을 중심으로, 때로는 특별한 계시를 추구하고 있다는 것이다.

오늘날 복음주의 교회의 예배에서 성령의 감동이라는 이름 아래에서 사람들의 느낌 욕구(felt-needs)를 충족시키기 위한 방법들이 동원되고 있다. 이러한 방법들은 사람들의 감정에 호소하고 부추켜서 나타난 느낌들을 하나님의 임재 혹은 성령의 역사라고 말하는데, 몬타누스가 행하였던 방식과 다를 바가 없다. 느낌과 감정에 의한 체험은 피상적이다. 반드시 하나님의 말씀을 듣고 생각하고, 묵상이 먼저 있어야 한다. 말씀의 지식이 감정이나 때로는 느

---

[7] 존 맥아더., 무모한 신앙과 영적분별력 (서울: 생명의말씀사, 1997), p. 19.

낌을 통제하여야 한다. 하나님께서 은혜를 주시기 위해 정하신 은혜의 수단 중 가장 중요한 것은 하나님의 말씀이다. 그런데 말씀을 추구하지 않고, 새로운 계시와 기적과 표적을 추구하는 것은 진리를 믿지 않고 거짓을 추구하는 태도이다(살후 2:9-12).

7. 아리안주의 (Arianism)

■ ■ ■

아리우스(c. 260-336)는 알렉산드리아 교회의 장로이었다. 그는 동방교회의 영향 아래에 있었다. 그는 하나님의 신적 성질은 나뉠 수 없다고 주장하였다. 따라서 하나님의 신성에서 인격의 구별이 있을 수 없다고 주장하였다. 그는 주장하기를 그리스도는 아버지에 의해서 존재하게 되었다고 하였다. 즉 그리스도는 피조물이며 그를 만드신 아버지에게 종속된다는 것이다. 또한 그리스도는 성질상 아버지보다 열등하다고 말하였다. 그리스도는 하나님의 첫 번째 피조물이며, 하나님께서 신적 속성들을 아들에게 주었다고 아리우스는 말하였다. 아리우스는 그리스도를 완전한 하나님도 아니요 완전한 인간도 아닌 것으로 묘사하였다. 그래서 그는 "로고스" 용어를 좋아하였다. 물론 아리우스는 성령의 신성도 부정하였다. 그래서 아리우스의 제자들은 성령이 그리스도로부터 나오는 것으로 설명하였다. 이러한 아리우스의 주장에 대해서 아다나시우스가 적극적으로 성경의 가르침을 변호하였다. 아다나시우스는 사도들의 정통 교리를 변호하였다. 아다나시우스는 오직 하나님 만이 피조물을 구속하실 수 있는데, 그렇기 때문에 그리스도는 하나님이시다 라고 말하였다.

아리우스에게 있는 이단적 가르침의 뿌리는 이성주의(Rationalism)이다. 하나님의 속성과 예수 그리스도의 성품에 대해서 이성적으로 추측한 가운데 나온 주장이다. 자신의 이성적 판단에 비추어 볼 때 삼위 일체 교리는 불합리한 것이었다. 이렇게 이성적 합리성을 우선으로 하여 성경의 교리를 어리석은 것으로 만들었던 일은 교회사 가운데 계속해서 일어났다. 미국에서 일어난 유니태리언 교회(Unitarianism)가 바로 그 예이다. 유니테리안 교회는 이성을 가장 최고의 권위에 둔다. 그래서 그들도 삼위 일체 교리를 부정하였다. 보편주의(Universalism)도 이성주의의 뿌리를 가지고 있다. 죄인들을 심판하시고, 지옥으로 보내는 것은 하나님의 사랑의 성품과 맞지 않다고 주장한다. 그리고 그리스도께서 모든 죄인들을 위해 죽으셨기 때문에 반드시 모든 사람이 구원을 받는다고 주장한다. 18세기 후반에 미국의 필라델피아의 침례 교회에서 보편주의가 크게 유행하였으며, 오늘날에도 이러한 신학은 여전히 교회에 퍼져 있다. 19세기 말부터 20세기 초에 강력하게 일어난 자유주의 경우에도 이성주의에 뿌리를 두고 있다. 그래서 그들은 성경을 과학적인 눈으로 보아서, 이성과 과학의 이치에 맞지 않으면, 그것을 비-신화화 작업을 하였다. 그렇다면, 이성주의의 뿌리를 두고 이성에 맞지 않는 교리들을 부정하게 되면, 이들에게 어떠한 일들이 일어나는가를 살펴야 한다. 유니테리안주의, 보편주의, 자유주의에서 나타나는 공통적인 특징은 무엇인가?

이들에게 있어서 그리스도는 단지 도덕적 모범 인물에 불과하다. 따라서 기독교의 중요한 가치는 도덕에 대한 가르침이라고 말한다. 이들에 의하면 교회가 생존하기 위해서는 현대 문화에 적응하여서 진정한 인간의 정신을 찾아내고 도덕적 모범을 제시하는 것이라 생각하고 있다. 오늘날 복음주의 교회 가운데, 이러한 영적 바이러스에 감염되어서, 이성적으로 스스로 지혜로워지려고 한다. 그래서 복음의 능력을 믿지 않고, 복음을 세상의 문화로 채색하여 옷을 입힌다. 그리고 사람들의 이성적, 문화적 호응을 얻으려고 애쓰고 있다. 무엇보다 구원의 생명에 대해서는 서서히 관심이 없어지고 있다. 설교자의 설교는 도덕적인 것이 된다. 그리고 문화적으로 사회적으로 적응이 뛰어난 설교들이 사람들의 관심과 인기를 끌고 있다. 그 결과 인간의 영혼은 영적으로 빈곤 상태에 있게 되며, 서서히 죽어가고 있다.

8. 펠라기우스 (Pelagius)

펠라기우스(c.350-425)는 영국 출신으로서 390년 이후 로마에서 활동한 수도승이었다. 그는 그리스도인이라고 고백하는 자들로부터 도덕적 느슨함을 보고 고민에 빠졌다. 그리고 서방교회와 동방교회의 인간 본성에 대한 신학적 차이를 발견하였다. 동방교회에서는 일반적으로 아담의 죄가 인간의 자유의지를 부패시키지 않았다는 것에 동의하고 있었다. 그래서 구원은 인간 스스로의 의지에 시작된다고 믿고 있었다. 펠라기우스는 동방교회의 신학을 받아들였다. 그리고 그는 서방 교회의 인간론이 사람들로 하여금 의롭게 살도록 도전을 주지 않는 신학이라고 생각하였다. 따라서 펠라기우스는 인간의 본성은 부패되지 않았으며, 아담의 죄는 그의 자손에게 심각한 효과를 주지 않았다고 주장하였다. 그는 인간은 완전한 자유의지를 소유하고 있다고 주장하였다. 인간의 본성은 본질적으로 자유이며 잘 만들어졌기 때문에 그 어떤 것에 의해서도 약해지거나 무능하지 않다고 말하였다. 그리고 하나님께서 순종할 수 있는 명령을 주셨기 때문에 할 수 있다고 주장하였다. 펠라기우스는 논하기를 예수를 믿으라고 명령했으면 이것은 하나님의 은혜의 도움 없이 예수를 믿을 수 있는 능력이 사람에게 있다고 주장하였다.[8]

펠라기우스는 주장하기를 아담은 죽을 수 밖에 없는 인생으로 만들어 졌으며, 비록 그가 죄를 짓지 않았다 하더라도 죽었을 것이라고 하였다. 따라서 아담의 타락은 자신에게만 손상을 주었지 인류에게 전가되지 않았다고 주장하였다. 어린아이들이 이 세상에 올 때에 아담의 타락 이전과 같은 상태에 있으며, 인류는 아담의 타락의 결과로 죽는 것도 아니며 그리스도의 부활의 결과로 부활되지 않는다고 말하였다. 또한 세례 받지 않은 아이들은 다른 사람과 마찬가지로 구원받는다고 하였다. 그리고 율법도 복음과 같이 천국으로 인도한다고 믿었다. 더욱이 그는 그리스도 이전에 죄 없는 사람들이 있었다 라고 말하였다. 원죄를 부정하는 펠라기우스에게 죄란 하나님에게 의도적으로 대항한 행위였다. 따라서 의무를 다하는 자에게는 죄가 없는 것이다. 인간은 죄 없이 태어났으며, 의도적인 행위들을 통한 죄만이 있는 것이다. 그래서 펠라기우스는 구약시대에 실제적으로 죄 없는 인물들이 있었다고 주장하였다. 그리고 오직 도덕적으로 정직한 자만이 교회에 받아들여질 수 있다고 말하였다.

8) R.C Sproul, *Willing to believe* (Baker, 1997) p. 34.

펠라기우스는 인간 자신이 스스로 구원할 수 있다고 말하면서 구원을 위해 필요한 것들을 행할 수 있는 능력이 있다고 주장하였다. 특히 하나님께서 십계명과 예수님의 도덕적 모범을 따르라고 말하였는데, 이러한 요구들을 이루면 구원을 성취할 수 있다고 하였다. 따라서 예수 그리스도의 죽음을 뛰어난 도덕적 모범으로 간주하였다. 물론 펠라기우스도 은혜라는 말을 사용하지만 완전히 다른 의미에서 사용하였다. 그는 인간의 자연적 기능들(faculties)을 은혜로 이해하였다. 또한 자연적 기능들이 부패되지 않았다고 생각하였다. 자연적 기능들은 하나님께서 인간에게 부여한 것으로 이것을 가지고 인간은 죄 없는 상태를 선택할 수 있다고 믿었다. 물론 여기에서 펠라기우스의 죄의 개념은 매우 피상적인 것으로서, 인간의 의지 사용의 실수를 죄로 간주하였다. 따라서 펠라기우스는 자연적 이성과 의지를 가지고 죄를 피할 수 있다고 주장하였다. 다만 펠라기우스에게 있어서 은혜는 우리의 도덕적 의무가 무엇인지를 알려주는 것 뿐이다. 그리고 펠라기우스는 예수그리스도의 모범과 가르침을 통해서 죄를 피할 수 있다고 가르쳤다.

펠라기우스는 인간이 행위에 근거해서 의롭다 여김을 받는 다고 주장하였다. 인간의 선한 행위들은 인간의 자유의지를 실행하여 하나님께서 명령하신 의무들을 성취한 결과이다. 이러한 의무에 대한 실행의 실패의 결과는 하나님의 영원한 심판이다. 그리스도안의 구원이란 말은 펠라기우스에게 그리스도의 모범을 흉내 내어 얻는 구원을 말한다. 결국 펠라기우스는 성령의 사역에 대해서 전혀 관심이 없었다. 그는 중생의 사역을 필요 없는 것으로 생각하였다. 물론 그가 살았던 시대는 기독교 정부 지도자의 압력에 의해서 이교도들이 집단으로 기독교로 개종하는 집단 회심운동이 유행하였던 시대이었다. 이러한 결과로 많은 사람들이 기독교를 피상적으로 이해하고 고백하였다. 펠라기우스는 이러한 현상에 대해서 영적으로 분별하지 못하였다. 부패된 심령이 은혜로 변화되어야 일어날 수 있는 개혁을, 오히려 인간의 능력을 부르짖으며 도덕적 개선을 이루려고 하였다.

동방교회의 주교들의 지지를 받으면서 펠라기우스의 가르침이 유행하자, 어거스틴이 펠라기우스의 오류에 대해서 지적하였다. 어거스틴은 펠라기우스를 이단의 가르침을 퍼트리는 자로 규정하고, 그의 가르침에 대한 논거를 417년부터 쓰기 시작하였다. 이 때로부터 20년간 펠라기우스 논쟁에 어거스틴이 선봉에 섰다.[9]

어거스틴은 인간의 자유의지는 비록 제거되거나 파괴되지 않았지만 죄로 인하여 부패되었기 때문에 악에 대해서 기울어져 있다고 말하였다. 인간의 자유의지가 실재하기 때문에 어떤 일을 결정 할 수 있지만 그것은 죄에 대해서 항상 타협을 한다. 오직 하나님의 은혜가 죄에 대해서 기울어져 있는 것을 바로 잡을 수 있다. 그러나 어거스틴은 인간의 성품은 연약하고, 타락하였으며

[9] 3단계로 나누는데, 1) 411-418 기간동안에는 Celestius, Pelagius 와 논쟁을 벌이며, 2) 419-430 에는 Julian 에 대항해서 격론을 벌이며, 3) 427-430 에는 Gaul 과 논쟁했다 (NDT pp 59-60).

능력이 없어서 구원을 위해 전적으로 하나님에게 의존해야 한다고 말하였다.

어거스틴은 타락의 결과로서 인간은 우주적으로 죄에 오염되었다고 말하였다. 모든 인간은 자신이 태어나면서부터 죄에 의해서 오염 되어졌다고 했다. 인간의 마음은 죄로 인하여 어두워지고 약하여졌다. 따라서 죄인들은 죄로 인하여 높은 영적인 진리들을 분명하게 이해 할 수 없다. 그래서 인간은 자신의 자원과 방법을 가지고 하나님과의 관계를 가질 수 없고 죄의 힘을 끊을 수 있는 어떤 것도 할 수 없다.

어거스틴은 원죄를 질병으로 비유하였다. 원죄는 세대를 거쳐서 전하여졌으며, 질병이 몸을 약하게 하는 것과 같이 하였고, 인간은 그 질병을 고칠 수 없다고 하였다. 그래서 예수님께서 신적인 의사로 오셨다는 것이다. 어거스틴은 죄를 힘으로 비유하였다. 우리 스스로 죄의 힘으로부터 벗어 날 수가 없다. 인간의 자유의지도 죄의 힘에 붙잡혀 있는데 오직 은혜로 해방될 수 있다. 원죄로 인해 대대로 유죄 선고를 받은 것이다. 예수께서 용서를 위해 오셨다.

어거스틴은 그리스도인의 삶의 모든 단계에서 시작과 마지막까지 은혜의 우선성을 강조하였다. 구원을 위해서 인간이 시작할 수 있는 자유를 가지고 있지 않다고 주장하였다. 어거스틴이 좋아하였던 구절은 요한복음 15:5절 이었는데, 은혜를 떠나서 아무

것도 할 수 없다는 것이다. 우리의 구원을 위해서 하나님을 전적으로 의지해야 하며 우리의 삶의 시작에서 마지막까지 은혜를 의지해야 한다. 어거스틴의 인간 본성에 대한 이해는 자연적 성품과 특별한 은혜로 주어지는 것과 구별을 하였다. 인간의 자연적 본성은 약하고 잃어버린 상태이어서 하나님의 특별한 은혜가 필요하며, 은혜로 갱신이 요구된다. 어거스틴에게 있어서는 계명을 지키기 위해서는 은혜가 필요함을 강조하였다. 그러나 어거스틴은 은혜를 실제적이며 그리스도안의 하나님의 구속의 현존으로써 우리를 변화시키는 내적이며 능동적인 것으로 이해하였다.

어거스틴은 인간은 하나님의 은혜로 의롭다 여김을 받으며, 인간의 선한 행위들은 타락한 인간의 본성 안에서 하나님께서 일하신 결과로 이해하였다. 구원은 하나님의 거저 주시는 선물이다. 그리스도의 죽음과 부활을 통하여 하나님께서 타락한 인간을 다룰 수 있으며, 구원을 주시는 것이다. 우리의 칭의의 근거는 우리에게 주신 하나님의 은혜의 약속이다. 하나님께서는 약속에 신실하셔서 죄인들을 의롭다고 하신다.

펠라기우스와 논쟁을 통해서 어거스틴은 펠라기우스 사상의 위험성을 발견하게 된다. 펠라기우스 논쟁에서의 핵심은 죄와 은혜에 대한 것이다. 펠라기우스는 죄에 대해서 피상적이며 가볍게 본다. 그에 의하면 성경에서 말하는 죄란 하나님의 계명을 어기는 것이 아니라, 단지 의지의 실수에 불과한 것으로 간주한다. 그러다 보니 절대적 은혜의 필요성을 인식하지 못하는 것이다. 펠라기우스의 사상은 인간의 자유이다. 자연적인 인간이 자신의 노력에 의하여 의와 거룩함에 이를 수 있다고 믿고 있다. 물론 여기서 의와 거룩함이란 도덕적 개발에 의한 성취를 말하고 있는데, 하나님의 의와 거룩에 대해 무지한 결과이다. 인간의 무능에 대해서 인정하지 않음으로 스스로를 속이는 사상인 동시에 인간으로 하여금 교만하게 만드는 신학체계이다. 더욱이 이것은 바울이 구체적으로 서술하였던 아담의 죄가 후손에게 전가된 것을 부정하는 체계이다. 즉 성경에 대항하는 신학체계이다.

따라서 로마 황제 호노리우스(Flavius Honorius, 395-423)는 펠라기우스의 가르침을 이단으로 정하고, 펠라기우스 사상을 퍼트리는 자는 유배시키도록 명령하였다. 결국 418년 카르타고 회의에서 펠라기우스 사상을 이단으로 선언하였다. 로마의 주교인 보니페이스 1세(418-22)와 셀레스틴(422-32)는 펠라기우스 사상을 적극 반대하였다. 그리고 에베소 회의(431)에서 그를 이단으로 정죄하였다. 이 잘못된 가르침은 교회사 속에서 그리고 지금까지 활약하면서 실로 심각한 파급효과를 나타내고 있다. 이것은 단순히 하나님의 은혜의 필요성을 부정하는 것으로 끝나는 것이 아니다. 인간의 죄의 오염과 죄성 그리고 도덕적 타락에 대해서 심각하게 생각하지 않기 때문에 그들에게 있어 불경건한 것이 문제가 되지 않을 뿐 아니라 실로 인간의 심성의 거짓되고 악함을 전혀 인식하지 못하고 있다. 그리고 자신의 능력으로도 회개할 수 있다고 생각하기 때문에 그 회개가 매우 피상적일(superficial) 수 밖에 없다. 따라서 회개 할 때 그 죄를 슬퍼하거나 그 죄책으로부터 벗어나려고 하지 않는다. 또 회개한 후 그 죄와의 싸움을 통한 죄의 억제(Mortification)나 성화(Sanctification)를 이루려고 노력하지 않는다. 더욱이 하나님의 은혜로서가 아니라 나의 능력으로 회개하고 내 힘으로 믿으며 인간의 힘으로도 완전에 이를 수 있다고 생각하기 때문에 철저히 자기 의로움에 빠질 수밖에 없다. 따라서 펠라기우스의 잘못된 가르침은 교회 속에서 인간을 매우 교만한 자로 만들어 버릴 수 밖에 없다.

교회가 부패되고 타락한 시대를 들여다 보면 여지 없이 펠라기우스의 바이러스가 그 속에서 발견된다. 이러한 증상은 인간의 부패성 때문이다. 또한 이러한 현상은 하나님 중심, 성경 중심을 좋아하지 않고 인간의 자유, 인간의 상황을 기준으로 취하는 인간중심을 더욱 좋아하기 때문에 나타난다.

9. 세미-펠라기우스주의(Semi-Pelagianism)와 로마 가톨릭교회

■ ■ ■

어거스틴이 죽고 나서 가울(Gaul)에서 세미-펠라기우스 학파가 일어났다. 존 카시안(c. 365-433)이 그 학파를 이끌었다. 그는 먼저 어거스틴의 견해가 새로운 것이며 교부들의 가르침, 특히 터툴리안, 암브로스, 제롬의 가르침에서 떠난 것이라고 주장하였다. 카시안은 어거스틴의 예정론에 대한 가르침은 인간들로 실망에 빠트리는 것이라고 말하였다. 그는 구원에 있어서 하나님의 은혜가 필요할지라도 인간의 의지를 돕는 정도면 된다고 하였다. 따라서 인간의 자유의지에 의한 결정에 따라서 하나님께서 은혜를 베푸신다는 주장을 하였다. 죄인들이 자신들의 결정에 의해 하나님을 찾을 수 있는 능력이 있다고 주장하였다. 즉 인간의 부패하고 타락한 것을 부정하였다. 그들은 하나님의 은혜를 스스로를 구원하고자 하는 자에게 주시는 하나님의 도움이라고 생각하였다. 죄인들은 자신이 구원을 얻기 위한 첫 번째 걸음을 취함으로써 하나님의 은혜에 협력할 자연적 능력을 가지고 있다는 것이다. 이렇게 세미-펠라기우스 사상은 인간의 도덕적 능력이 타락에 의해서 영향 받지 않았다라고 주장하였다. 타락된 죄인은 여전히 자신을 하나님의 은혜에 협력하도록 움직일 수 있는 내적 능력을 가지고 있다는 것이다. 은혜의 효과는 항상 죄인의 의지의 실행에 달려 있게 된다. 세미-펠라기안주의자들은 일반속죄 (general atonement)를 믿는데, 예수그리스도의 죽음의 효력은 자신 스스로의 자유의지를 가지고 이러한 속죄를 받아들이는 선택을 하기 전에는 유효하지 않다고 주장하였다. 그러면서 한편으로 카시안은 하나님은 모든 사람을 구원하시기 원하기 때문에 그리스도의 속죄의 죽음은 모든 자에게 유용한것이라고 말하면서 보편주의 입장을 취하였다. 그리고 선택된 백성이나 혹은 유기된 백성이 정해진 것이 아니라고 말하였다. 그 이유는 하나님께서 모든 사람이 구원 받는 것을 원하시기 때문이라고 하였다.

이러한 세미-펠라기우스 사상에 대해서 논의하기 위해 529년 오렌지 대회로 모였다. 대회는 25개의 조항을 채택하고 세미-펠라기우스 사상을 거절하였다. 회의에서 결정한 내용의 골자는 다음과 같다.

    1) 아담의 죄는 육신뿐만 아니라 영혼에게도 손상을 주었다.
    2) 아담의 죄는 모든 인류에게 죄와 죽음을 가져다 주었다.
    3) 은혜는 우리가 그것을 위해 기도할 때 주어질 뿐 아니라, 은혜 자체가 우리로 기도하게 만든다.

4) 믿음의 시작에 있어서 믿고자 하는 성향은 은혜의 효과이다.
5) 모든 선한 생각과 행위는 하나님의 선물이다.
6) 중생 된 자와 성도는 지속적으로 하나님의 도움이 필요하다.
7) 하나님께서 우리를 사랑하시는 것은 우리의 공로가 아니라 하나님 자신의 선물이다.
8) 아담 안에서 약하여진 자유의지는 오로지 은혜의 세례를 통하여 회복 될 수 있다.
9) 우리가 소유한 모든 선한 것은 하나님의 선물이다. 따라서 아무도 자랑해서는 안된다.
10) 사람이 죄를 범하는 것은 자신 스스로의 의지로 범하는 것이다. 사람이 선을 행하는 것은 하나님의 뜻을 자발적으로 실행하는 것이다.
11) 타락을 통하여 자유의지가 약하여졌다. 그래서 은혜가 앞서지 않는다면 아무도 하나님을 사랑할 수도, 믿을 수도 없으며, 하나님을 위해 선을 행할 수도 없다.
12) 모든 선한 행위들이 처음부터 우리에게서 나오는 것이 아니라 하나님께서 우리로 감화시키셔서 하나님을 믿고 사랑하게 하신다. 우리에게 어떤 선행하는 공로가 없다. 그래서 우리는 세례를 원하는 것이며 세례 후 하나님의 도움으로 하나님의 뜻을 성취하는 것이다.10)

오렌지 회의는 인간의 부패와 오직 은혜로 구원 얻는다는 것을 다시 확인하는 것이었다. 오렌지 대회 이후, 로마 주교 보니페이스 2세(530-532)는 세미-펠라기우스 사상을 이단으로 정죄하였다.

---

10) R.C Sproul., ibid., 76.

이렇게 오렌지 대회에서 세미-펠라기우스 사상이 정죄되었지만, 로마 교회는 세미-펠라기우스 사상을 뿌리치지 않았다. 결국 세미-펠라기우스 사상은 중세 교회의 중심 사상이 되어서 종교개혁이전까지 내려 오게 되었다.[11] 마틴 루터가 종교개혁의 깃발을 들기까지 세미-펠라기우스 사상은 비 공식적이지만 로마 가톨릭 교회의 매우 우세한 구원론 이었다. 거저 주시는 구원의 은혜의 교리는 거의 사라졌고, 행위로 의로워지는 개념이 교회에 일반적이었다.

더욱이 로마가톨릭 교회는 종교개혁의 반작용으로 인간의 전적 타락을 부정하고, 구원은 은혜와 행위가 함께 있어야 한다고 주장하였다. 이러한 주장은 오늘날까지 로마 가톨릭 교회에 내려왔다. 따라서 오늘날 현대의 로마 가톨릭 교회는 세미-펠라기우스 주의를 견지하고 있다. 로마 가톨릭 교회는 세례를 중생시키는 도구로 간주한다. 따라서 세례를 통하여 원죄와 모든 죄를 깨끗하게 씻는다고 주장한다. 물론 고해성사는 용서함을 받는 수단이 되며, 다른 성례들은 선행을 하기 위한 하나님의 도움의 수단이 된다고 말한다.

---

11) Arthur C. Custance, *Sovereignty of Grace* (P&R 1979) p. 37.

10. 에라스무스(Erasmus)와 루터(Luther)

■ ■ ■

오렌지 대회 이후에 수 세기를 거쳐 내려오는 가운데 세미-펠라기우스 주의는 동방교회와 서방 교회에 더욱 우세하게 되었다. 마틴 루터가 종교 개혁의 기치를 들기 전 교회는 행위로 의로워지려는 개념과 은혜의 주입(infusion)사상으로 인간의 행위와 함께 하나님의 도움으로 영원한 생명을 얻을 수 있다고 생각하고 있었다. 루터를 비롯하여 종교개혁자들은 오직 은혜로 구원 얻는 것과 구원을 어떤 공로로 얻을 수 없으며, 구원이 하나님의 선물이라는 주장을 하기 시작하였다. 물론 종교개혁자들의 성경적 진리에 대해 로마 가톨릭 교회는 트렌트회의 이전까지 어떤 공식적 대응이 없었다. 루터가 로마 가톨릭 교회의 오류를 지적하고 있을 때 르네상스 학자인 에라스무스를 만나게 된다. 에라스무스 역시 로마 가톨릭의 오류에 대해서 격분하여 있었던 인물이다. 그래서 많은 사람들은 루터와 에라스무스가 연합하여 로마 가톨릭 교회의 오류에 대해서 싸우기를 기대하였다. 그러나 두 사람이 의지의 자유에 대해서 논쟁을 하다가 에라스무스가 1524년 9월 1일 "의지의 자유에 대한 논증"(On the Freedom of the Will)이라는 것을 출판하였고 이에 대해 루터가 1525년 10월 "의지의 속박"(The Bondage of the Will)을 출판하였다. 종교개혁이 일어나면서 로마 가톨릭 교회에 팽배하였던 세미-펠라기우스에 대한 논쟁이 종교 개혁자들과 로마 가톨릭간에 일어난 것이 아니라 공교롭게도 루터와 에라스무스 간에 일어나게 되었다.

에라스무스는 자유 의지 혹은 자유 선택을 인간 의지의 능력으로서 이것을 가지고 영생으로 인도하는 것에 자신을 적용할 수 있다고 정의하였다. 에라스무스는 하나님의 은혜와 별개로 인간이 자신의 자유와 자발적 힘을 가지고 구원으로 인도하는 길을 선택할 수 있다고 생각하였다. 그렇다면 에라스무스는 인간의 힘을 가지고 구원을 얻을 수 있다고 말하였는가? 아니다. 에라스무스는 하나님과 인간이 협력 혹은 협동(cooperate)하여 구원을 얻는 것이라고 하였다. 즉 인간이 구원의 길을 선택하지만 하나님의 도움이 없이는 그 목적한 바를 얻을 수 없다고 말하였다. 따라서 인간이 구원을 얻기 위해서는 인간과 하나님이 그 위치한 곳에서 바른 역할을 하여야 한다고 말하였다. 에라스무스는 인간의 구원에 있어서 하나님과 인간, 자연과 은혜가 서로 협력하는 것으로 보았다. 그는 인간이 타락할 때 인간의 이성이 흐리 멍텅하게 되었지만 소멸된 것이 아니기 때문에 자유롭게 선택하는 것에는 아무 문제가 없다고 생각하였다. 그에 의하면 타락으로 인하여 의지가 죄악에 길들었지만 여전히 선을 행할 수 있다고 믿었다. 그래서 인간의 의지의 힘을 가지고 영원한 생명으로 인도하는 것들에 대해서 자신을 적용할 수 있다고 주장한 것이다. 에라스무스는 인간의 의지의 힘을 가지고 자발적으로 반드시 하나님을 선택하여야 한다고 말했다. 인간이 이렇게 선택할 때 하나님께서는 이것을 그의 공로로 간주하여 구원하신다는 것이다. 에라스무스는 인간의 자유의지와 하나님의 은혜를 서로 반대되지 않도록 하기 위해서 이러한 세미-펠라기우스 주의로 흘러가고 말았다. 그래서 구원에 있어 하나님과 인간이 함께 일하는 것으로 설명하였다. 결국 에라스무스는 인간이 자유의지가 있지만 그것으로 구원을 얻을 수 없기에 의지는 영원한 생명을 얻기 위해서 은혜의 도움이 필요하다고 말하였다. 에라스무스는 은혜를 조언자(adviser), 조력자(helper), 그리고 건축가(architect)라고 불렀다. 구원에 있어서 인간이 할 수 없는 부분에서 도움을 주시는 분이 하나님이라는 것이다.[12]

루터는 이러한 에라스무스의 주장에 대해서 철저하게 하나님의 은혜와 주권을 변호하였다. 루터는 에라스무스의 논리가 펠라기우스에 동의하는 것이라고 논증을 하면서, 그것은 하나님의 은혜를 싸구려로 만드는 것이라고 하였다. 루터는 먼저 에라스무스의 인간의 능력에 대해서 문제를 제기하였다. 인간은 죄에게 종이 되었으며 선을 택할 수 있는 능력이 없다고 말하였다. 따라서

---

12) Erasmus, *On the Freedom of the Will*, found in *Luther and Erasmus: Free Will and Salvation*, tr. and ed. E. Gordon Rupp, (Philadelphia: Westminster Press, MCMLXIX)

구원에 있어서 하나님의 주권이 절대적일 수 밖에 없음을 강조하였다. 하나님의 은혜가 없는 인간의 자유의지는 전혀 자유롭지 못하여 죄의 감옥에 갇혀 있는 것이며, 죄악에 종 된 상태라고 하였다. 왜냐하면 인간의 자유 의지 만으로는 스스로 선을 향하여 돌아설 수 없기 때문이다. 인간의 자유 의지는 인간의 타락 때에 그 자유를 상실하여서 지금은 죄에게 종이 되었다고 설명하였다. 인간은 죄에게 종 되었기 때문에 그의 의지는 그 자체를 변화시킬 수 없다고 말하였다. 인간이 원하는 것은 죄악이며, 완전히 죄악 덩어리이어서 생각하는 것이 악한 것 밖에 없다. 따라서 이러한 상태로는 영생을 공로로 얻을 수 없다는 것이다. 루터는 인간의 무능에 대해서 더욱 분명히 하기 위해서 율법의 성경적 사용에 대해서 설명하였다. 하나님이 주신 율법의 목적은 구원을 공로로 얻는 것을 보여주기 위한 것이 아니라 인간들이 자신의 죄성과 무능과 무가치함을 보게 하기 위한 것이라는 것이다. 그래서 율법은 사람들의 행위를 정죄하는 기능을 하고 있다는 것이다. 또한 만약 사람들이 율법에 따라 자신을 판단하면 자신은 어떤 선도 행할 수 없다는 것을 보게 하는 것이라고 설명하였다. 그래서 율법은 사람들로 하여금 십자가로 달려가도록 만든다고 하였다. 이렇게 루터는 구원에 있어서 하나님의 주권이 절대적인 것을 강조하였다. 하나님만이 인간을 구원하실 수 있기에, 구원은 인간의 선택이나 인간행위의 공로에 있지 않다고 말하였다. 그리고 만약 하나님께서 인간의 선택에 의존되어 있다면 그것은 하나님이 아니시라고 하였다. 루터는 하나님께서 죄인을 구원하시는 방법에 대해서 설명하였다. 하나님께서 죄의 힘을 깨부수어

죄의 종 된 상태에서 나오게 하시고, 하나님께서 인간의 의지를 급격히 변화시키어 인간의 영혼을 죄로부터 자유하게 하셨다고 말하였다. 루터는 하나님의 은혜의 방편과 구원의 수단에 대해서 정통한 신학자이었다. 구원에 있어서 하나님의 주권을 강조하였는데, 하나님께서 자신의 백성을 선택하시고, 예수 그리스도를 보내시고, 자신의 백성에게만 그리스도를 나타내시고(reveal)13), 자신의 백성들의 의지를 변화시키어 그들로 그리스도를 찾고 구하게 만드신다는 것이다. 따라서 구원은 인간의 어떤 행위에도 의존되어 있지 않은 것이다.14)

여기서 우리는 에라스무스의 세미-펠라기우스의 주의가 낯 설지 않음을 발견하게 된다. 왜냐하면 오늘날 복음주의 교회에서 세미-펠라기우스주의가 왕성하기 때문이다. 소위 요즈음 유행하는 전도 방식은 거의 다 세미-펠라기우스 주의에 근거하고 있기 때문에, 루터의 말 보다 에라스무스의 주장에 더 친숙함을 느끼게 된다. 더욱이 에라스무스의 주장은 이성적이기 때문에 더욱 설득력이 있어 보일 수 있다. 반면에 루터의 말들은 계시 의존적이며, 성령께서 말씀을 통하여 주장함으로 일어나는 일들이기 때문에 실용적이지 못하다는 느낌을 주게 된다. 이러한 느낌들은 오늘날 교회가 성경의 진리에서 얼마나 떠나있는가를 알려주는 지표가 된다. 그리고 오늘날 교회들이 교회 속에서 일어난 오류

---

13) 청교도들은 이 부분에 있어서 루터에게 상당히 빚을 졌다. 청교도들은 여기에서 "계시"라는 단어를 사용하였다.
14) Luther, Martin, *The Bondage of the Will*, tr. by J.I. Packer and O.R. Johnston, (Grand Rapids: Revel, 1996)

들에 대해서 너무 무지하기 때문에 과거 교회사 속에서 유행하던 오류 혹은 이단들이 다시 재 발흥하여도 그것을 분별하지 못하고 따라가고 있음을 발견하게 된다. 이러한 현상 속에서 교회는 세속화되며, 타락해 가고 있다. 그 이유는 진리 보다는 인간적이면서 거짓 가르침들이 더욱 유행하기 때문이다.

11. 트렌트 공의회(Council of Trent, 1545-1563)와 칼빈(Calvin)

루터의 이신 칭의 교리로 인하여 종교 개혁의 기치가 올랐다. 그러나 로마 가톨릭 교회는 종교 개혁의 가르침을 거부하면서 구원은 은혜와 함께 행위에 의한 것이라는 가르침을 고수하였다. 물론 오늘날까지 로마 가톨릭은 세미-펠라기우스를 견지한다. 로마 교회는 구원을 위해 은혜가 필수적인 것을 인정하지만, 죄인을 구원하기에 충분하다는 것은 부정한다. 이러한 로마 교회의 입장은 종교 개혁에 대한 반동으로 열린 트렌트 공의회에서 더욱 분명해진다. 트렌트 공의회에서는 중세를 거치면서 발전해온 의식 체제를 더욱 확고히 하였다. 트렌트 공의회는 세미-펠라기우스 주의에 근거를 둔 선언이었다. 보다 구체적으로 칭의에 대한 트렌트 회의의 선언문을 보면 알 수 있다.

Trent, VI. Ch. 1, 5. 그리스도인들은 은혜로 말미암아 의롭다 함을 받는다. 그러나 인간의 자유 의지는 비록 죄로 인하여 약화되긴 했지만 이 은혜와 협력 할 수 있으며 반드시 협력하여야 한다.

Trent, VI. Ch. 6, 7. 칭의는 일정한 수준 이상의 성화를 유지하고 있는 사람에게 주어지기 때문에 그리스도인들은 이를 유지하여야 한다.

Trent, VI. Ch. 7, 16. 우리가 의롭게 되는 것은 그리스도의 의가 우리의 공로로 돌려지거나 의의 전가에 의해서만 아니라, 그리스도의 의를 우리에게 주입함으로써 우리가 실제로 의롭게 되어 진다.

Trent, VI. Ch. 9, 12, 13. 신자는 자신이 현재 은혜에 상태에 있는지, 자신이 선택을 받았는지, 마지막까지 견딜 것인지, 궁극적으로 구원을 받을 것인지에 대하여 아무것도 확신 할 수 없다.

Trent, VI. Ch. 11, 그리스도인들은 하나님의 명령을 순종할 수 있다.

그리고 트렌트 공의회에서는 종교 개혁자들의 이신 칭의 교리에 대해서 다음과 같이 저주하였다.

> 만약 누구든지 오직 그리스도의 의의 전가로 인하여 혹은 오직 죄의 용서에 의해, 성령께서 그들 심령에 부어주신 바로 인하여, 혹은 오직 하나님의 선하신 뜻에 의해서 은혜와 자비로부터 제외된 자가 의롭게 된다고 말하면 그는 저주를 받을 지어다.
>
> 만약 누구든지 의롭게 하는 믿음이 하나님의 자비에 대한 확신이며, 이것이 죄를 사하는 것이라고 말하든지 혹은 이것만이 의롭게 한다면 그는 저주를 받을 지어다.
>
> 만일 누구든지 죄인이 믿음으로만 의롭다 함을 받고 칭의의 은혜를 획득하기 위한 아무 협력도 사람 편에 요구되지 않는다면, 그래서 사람이 자신의 의지의 활동을 하는 것이 필요 없다고 말한다면 그는 저주를 받을 지어다.

만약 어떤 사람이 받은 의로움이 하나님 앞에서 선한 행위로 유지되지 않는다거나 증가되지 않고, 이러한 행위들은 의롭다 여김을 받은 것의 열매 혹은 표식이며, 증가시키는 원인이 아니라고 말하면 그는 저주를 받을 지어다.

만약 어떤 사람이 의롭게 하는 은혜를 받은 후에 죄가 용서되었으며, 모든 회개하는 죄인들에게 영원한 심판의 채무가 지워졌으며, 이 땅에서나 연옥에서 일시적인 심판의 부채도 남아 있지 않다고 말하면서 하늘의 문들이 열렸다고 말한다면 그는 저주를 받을 지어다.[15]

더욱이 로마 가톨릭 교회의 세미-펠라기우스 주의의 구원론은 그들의 요리문답서에서 더욱 분명하게 확인된다.

의로움은 하나님의 은혜와 인간의 자유 간의 협력으로 설립된다. 인간의 편에서 하나님의 말씀에 대한 동의의 믿음(assent of faith)으로 표현되는 것이며 이것은 그를 회심에 초대하는 것이다. 그의 동의를 선도하고 유지하는 성령의 격려와 함께 자비가 협력하는 가운데 있는 것이다.[16]

로마 가톨릭 교회는 그리스도의 의가 우리에게 주입됨으로 우리가 실제로 의롭게 되어진다고 주장한다. 즉 은혜의 주입은 믿는 자들에게 공로의 행위들을 할 수 있도록 능력을 주고 이로써 구원의 역사에 협력적으로 참여하는 것으로 여기는 것이다. 여기

---

15) The Canons and Decrees of the Council of Trent, tr. H. J. Schroeder (Rockford, IL: Tan Books, 1978 reprint of 1941 edition), pp. 31-32.
16) The Catechism of the Catholic Church (New York: Bantam Doubleday Publishing Group for the United States Catholic Conference, 1994), # p 38.

서 로마 가톨릭 교회는 칭의와 성화를 혼동하고 있음을 발견 할 수 있다. 왜냐하면 일정 수준의 성화를 유지하고 있는 자에게 칭의가 주어진다고 말하고 있기 때문이다.

칼빈은 트렌트 공의회에서 주장된 교리들에 대해서 반박하는 논문인 "트렌트 공의회 결정에 대한 반론"(Acts of the Council of Trent with the Antidote)을 1547년 발표하였다. 특히 칼빈은 트렌트 공의회가 펠라기우스 사상과 별 다름이 없음을 말하였다.

> 그들의 칭의론에 대한 정의는 여러 학파들의 진부한 교리 이상 아무 것도 아니다. 즉 하나님의 은혜에 의해서 사람이 일부 의롭다 함을 얻고, 일부는 자신들의 선행에 의해서 의롭다 함을 얻는 다는 것이다. 그리하여 그들이 보여주는 것은 펠라기우스의 교리보다 약간 순화 된 것일 뿐이다.[17]

더욱이 칼빈은 "반론"을 통해 인간이 타락한 이후 자유의지를 가지고 있으나, 그 자유의지는 선악을 분별하거나 선택할 능력이 없다고 하였다.[18] 이렇게 로마 가톨릭 교회는 이신 칭의에 있어서 세미-펠라기우스 주의에 뿌리를 두고 있다. 그들은 타락한 인간의 전적 부패와 전적 무능에 대해서 믿지 아니한다. 그래서 단지 자유 의지가 완전히 부패한 것이 아니라 약화된 것이라고 주장하였던 것이다. 더욱이 하나님과 인간이 협력하여 우리 자신을

---

17) 김재성, 칼빈과 개혁신학의 기초 (수원: 합동신학대학원 출판부, 1997), p. 190. 인용.
18) Ibid. (Calvin's Antidote, pp. 108-110)

스스로 변화시키는 것처럼 주장하고 있다. 사람이 의롭게 되는 것은 인간의 행위나 노력에 의해서가 아니라, 하나님께서 주시는 믿음을 가지고 그리스도를 믿음으로 그리스도께서 성취하신 의를 전가 받는 것이다. 그러기에 우리 인간이 구원에 대해서 자랑할 것이 아무것도 없다.

12. 알미니우스 (Arminius)

■ ■ ■

알미니우스는 (1560-1609) 화란의 조그만 도시 우데워터 (Oudewater)에서 태어났다. 그 당시 화란은 로마 가톨릭 신봉자인 필립에 대응하여 개혁운동이 일어나고 있었다. 화란 개혁주의의 표준이라고 할 수 있는 벨직 신앙고백서가 이 당시(1560) 출판되었다. 1575년 알미니우스는 라이덴 대학에 입학하였다. 그리고 1581년에서 1586년까지 그는 제네바와 바실에서 공부하였다. 1586년 알미니우스는 베자의 추천서를 들고 화란개혁 교회로 돌아왔다. 1587년에서 1603년까지 암스텔담에서 목회하였다. 그가 목회하는 가운데 1591년 로마서 7:14절을 설교하면서 문제가 시작되었다. 알미니우스는 로마서 7:14절을 바울의 거듭나지 않은 상태를 기억하는 것으로 가르쳤다. 그러나 개혁주의자들은 회심 이후로 해석했다. 로마서 7:22절로 볼 때 거듭나지 않은 자가 하나님의 법을 즐거워 할 수 없기 때문이다. 1593년 로마서 9장을 설교하면서 그의 예정론에 대한 태도가 문제를 일으키기 시작하였다. 논쟁이 계속 되었다. 1603년 라이덴 대학에 두 개의 신학 교수직이 공석이 되었다. 정부의 영향력 있는 사람들은 알미니우스가 교수로 지명되어야 한다고 생각하였다. 그러나 엄격한 칼빈주의자들은 반대하였다. 알미니우스의 신학의 정통성에 대해서 많은 의문들이 아직 해결되지 않았기 때문이다. 이때 프란시스우스 고모라우스 교수가 알미니우스를 면접하였다. 고모라우스는 엄격한 칼빈주의였다. 고모라우스는 알미니우스가 교수에 적합하다고 판정하였다. 아마 고모라우스가 질문을 잘못했는지, 아니면 알미니우스가 정직하게 대답하지 않았는지는 알 수 없다. 그러나 수년 내로 알미니우스에 대한 의심이 더욱 일어나기 시작하였다. 사람들은 알미니우스가 학생들에게 읽도록 지정한 책들에 대해서 비난하였다. 많은 사람들이 그의 강의를 걱정하였다. 이때 고모라우스도 알미니우스의 예정론에 대한 태도가 정통에서 벗어 났다는 것을 확신하였다. 1608년 그에 대한 심사가 열렸는데, 알미니우스는 "타락 전 예정 교리"로부터 교회를 보호하기 위한 것이라는 주장을 하였다. 고모라우스는 알미니우스의 교리가 이신 칭의에 대한 문제라고 대답하였다. 하지만 이 문제에 대해서 해결되기 전 알미니우스는 1609년 병에 걸려서 죽었다.

알미니우스가 어느 지점에서 개혁신학으로부터 떠나는가? 라는 질문은 매우 중요하다. 왜냐하면 그는 베자의 학생이었으며, 처음부터 개혁신학과 관계 없는 자는 아니었기 때문이다. 알미니우스는 다음과 같이 말하였다: "모든 중생하지 않는 사람들은 자유 의지를 가지고 있어서, 성령의 역사를 저항 할 수 있으며, 제공된 하나님의 은혜에 대해서 거절 할 수 있으며, 하나님의 뜻을 무시할 수 있으며, 복음의 은혜를 받아들이지 않고 거절 할 수 있으며, 마음의 문을 두드리는 하나님에게 문을 열지 않을 수 있다. 선택된 자나 유기된 자의 구별 없이 이러한 일들을 실제적으로 행하고 있다."[19] 알미니우스는 선행(先行)의 은혜(prevenient grace)를 저항 할 수 있다고 생각하였다. 선행의 은혜는 구원에 있어서 필수적이지만, 구원이 일어나게 하는 것을 확실히 하는 것이 아니다 라고 주장하였다. 즉 은혜가 구원을 위해 필요한 조건이지만 구원을 위한 충분한 조건이 아니라는 것이다. 알미니우스는 선행의 은혜는 사람으로 그리스도를 동의하게 할 수 있게 하지만, 기꺼이 하도록 만드는 것은 아니다 라는 주장을 하였다. 따라서 하나님의 선행하는 은혜에 대해서 죄인들의 자발적인 협력이 실제적으로 필요하다는 논리가 성립된다. 알미니우스의 신학이 개혁주의 신학에서 떠난 지점은 사람들이 은혜를 거절할 수 있다는 것에 여지를 남겨 두는 것에서부터 시작된 것이다. 그러면서 하나님의 은혜가 절대적으로 유효하지 않다는 것이다(God's grace is not absolutely efficacious). 이러한 주장에 의하면 은혜에 대한 사람의 응답이 최종적(final)이며, 구원을 위해 결정적 요소(decisive factor)라는 것이다. 이러한 구조에서 예수님은 단지 구원을 가능하게 (possible) 하신 분이며, 더 이상 자신의 백성의 실제적인 구원자가 아니게 된다. 그리고 인간의 협력 혹은 공헌이 구원의 중심이 되었다. 알미니우스는 인간의 타락이 죄인들의 자유의지를 부패시

---

19) R. C. Sproul, Ibid., 180.

키지 않아서 구원에 있어 하나님과 협력할 수 있다고 주장하였다. 고모라우스가 지적한 것처럼 알미니우스의 가르침은 이신칭의 교리를 무너트리는 것이다. 결국 알미니우스는 예정론에 대한 입장에서도 칼빈주의 입장에서 떠날 수밖에 없게 되었다. 알미니우스는 믿음이 선택의 원인이라고 주장하였다(faith is the cause of election). 하나님께서는 그리스도를 선택할 자를 미리 아시고, 그들에게 있을 믿음을 미리 보신 것을 근거로 하여 구원을 위해 그들을 선택하셨다고 말한다. 그러나 성경에서는 선택이 믿음의 원인이라고 말하고 있다(롬 8:30, 행 13:48). 역시 인간의 결정 혹은 응답이 선택을 가져다 주는 것으로 설명하고 있다. 인간의 선택이 구원에 있어서 최종적 요소라고 주장함으로써 알미니안주의가 인본주의(man-centered) 신학임을 확인 할 수가 있다.

1609년 알미니우스가 죽고 나서, 1610년 46명의 목회자가 자신들의 알미니안주의 견해에 대해서 정부가 보호해 줄 것을 요청하는 항의 문서(Remonstrance)에 서명함으로써 본격적이면서 조직적으로 알미니안주의가 시작되었다. 항의문서를 작성하는 것에 있어서 알미니우스의 제자인 시몬 에피스코피우스(Simon Episcopius)의 역할이 중심적이었다. 에피스코피우스는 인간의 전적 타락이나 아담 안에서 사람의 불쌍하고 처참한 상태를 부정하였다. 즉 죄가 사람을 도덕적인 영역과 영적인 영역에서 약하게 만들었지만 그리 나쁜 상태는 아니라고 말하였다. 따라서 사람은 자신 안에서 선을 쫓을 수 있는 능력이 아직 있고 하나님께서 어느 정도 도와주시기만 하면 된다고 주장 하였다.[20] 항의 문서는

5개의 요지를 가지고 있었다: 1) 조건적 선택. 2) 보편적 속죄. 3) 자유의지 4) 저항 할 수 있는 은혜. 5) 성도의 견인에 대한 불확실성의 순서로 되어 있었다. 이 다섯 항목의 알미니안주의자들의 주장은 서로 연결되어 있는 유기적인 주제들이었다. 스프롤(R. C. Sproul)에 의하면 전적 타락을 믿지 않는 것이 알미니안주의의 핵심이며, 그것으로부터 5개의 요지가 파생된다고 하였다. 따라서 알미니안주의 5항목 중 어떤 항목 혹은 일부만 수용하여도 개혁신학에서 벗어나게 되어 있으며, 알미니안주의가 되는 것이다.

1611년 칼빈주의자들이 이것에 대한 반대의 대답을 하였다. 그럼에도 불구하고 논쟁은 계속되었고, 이로 인하여 시민전쟁의 기운도 있었다. 결국 1618년 알미니안주의에 대해서 판단하기 위해서 국제회의가 돌트에서 개최되었다. 1618년 12월 17일에 알미니안주의자들은 그리스도의 속죄의 범위에 대해서 자신들의 견해를 돌트회의에 제출하였다. 알미니안주의자들의 주장하는 것의 골자는 그리스도께서 모든 사람을 위해 구원을 가능하게 만들어 놓으셨는데, 구원은 오직 그들의(의지적이며 자발적인) 믿음의 응답으로 사람 안에서 실제화된다는 것이었다. 돌트회의의 결론은 알미니안주의의 다섯 오류(error)에 대해서 개혁신학의 입장을 선언한 것이다.[21]: 1) 하나님은 자유롭게 그리고 주권적으로 그리스도의 의를 통하여 어떤 죄인들을 구원하시기로 작정하셨다.

20) "Co-operation with God"을 말하므로 이것은 Semi-Pelagiusnism의 재 출현이다.
21) 알미니안주의 오류에 대한 대응이었기 때문에, TULIP 교리가 칼빈주의 신학의 전체를 설명하는 것은 아니다.

그리고 자신이 선택한 자에게 믿음을 선물로 주신다. 2) 하나님은 자신의 아들을 보내셔서 선택하신 자를 대신하여 죽게 하셨다. 그리스도의 죽음은 분명하게 자신의 선택된 백성에게 구원을 결과로 가져다 준다. 3) 사람은 죄 가운데 완전히 죽었다. 하나님의 중생시키는 은혜가 없이 사람은 구원과 회개와 믿음을 원할 수도 없으며, 하나님을 기쁘시게 하는 어떤 일도 할 수 없다. 4) 하나님의 은혜는 선택된 죄인들이 저항 할 수 없도록 하여 구원하신다. 왜냐하면 하나님의 저항 할 수 없는 은혜는 인간의 배역을 극복할 수 있기 때문이다. 5) 자비 가운데 하나님께서 자신의 선택된 백성들 안에 믿음의 선물을 보존하셔서, 구원을 위해 시작하신 일을 마치실 것을 확신하게 하신다.

알미니안주의자들의 주장에 대해 오늘날 청교도 신학자인 패커(J.I Packer)는 평하기를 "이것은 죄를 최소화 시키는 것으로 기독교를 도덕주의의 은혜로 내 던지는 것이다" 라고 말하였다.[22] 또한 알미니안주의자들은 그 논거에 있어서 매우 이성적이며 인간적인 것에 초점을 두기 때문에 하나님의 주권을 제한하고 인간의 자율성과 스스로 결정하는 것에 보다 주안점을 둔다. 그리고 바로 이러한 개념 때문에 그들은 예수의 일반적 속죄와 보편주의(Universalism)를 주장하는 것이다. 알미니안주의에서는 인간의 자연적 능력으로는 그리스도를 믿는 것이 불가능하다는 것을 거부한다. 인간의 무능으로 인하여 하나님의 선택이 불가피하고, 그 선택으로 인하여 하나님께서 유효하도록 그리스도를 이 땅에 보

---

22) J.I Packer, *Arminianism presented at Westminster Conference*, 1968.

내셔서 구속의 사역을 이루시고, 그러한 구속의 사역이 오늘날 유효하도록 성령을 보내주셔서 우리의 영혼을 깨우치는데, 알미니안주의자들은 이러한 모든 것을 부정한다. 인간이 의지적 행위인 믿음으로 이 모든 것을 할 수 있다고 한다. 알미니안주의자들은 믿음을 자유적이며, 책임있는 인간의 행위로 간주한다. 이때 알미니안주의자들의 '믿는다는 것'은 요한복음 3:16절의 말씀을 거부하지 않고 받아들이는 것 정도로 이해한다. 물론 이것은 하나님에 의해서 발생된 것이 아니라, 인간이 스스로 훈련에 의해서 일어나는 것이라고 주장한다. 더욱이 알미니안주의자들은 모든 복음을 들은 자들의 책임에서 의무로 간주하기 때문에, 모든 자들이 믿을 수 있는 능력이 있으며, 그래서 믿는 것은 반드시 보편적(universal)일 수 밖에 없다는 것이다.

보편주의 구원론은 성경적이지 못하며, 복음을 무너트리는 교리이다. 결국 이러한 주장으로 알미니안주의자들은 그리스도의 의와 은덕을 입어 의롭게 되는 칭의 교리와 그리스도의 속죄의 충분성을 말하는 속죄의 교리를 더럽힌다.[23] 피터 드용(Peter De Jong) 교수는 이것에 대해 "사람중심, 그리고 사람에 의해 조건 되어지는 구원론이다"라고 말한다.[24] 이와 같이 알미니안주의는 성경적이지 않은 것으로 복음을 변질시키면서 종교개혁의 부흥을 체험한 교회에 손상을 입혔다.[25] 여기서 개혁신학을 무너트리기 위

---

23) William Cunningham, *Historical Theology* Vol. 2, p. 376.
24) Peter Y. De Jong, "Preaching and synod of Dort" in *Crisis in the Reformed Churches* (Reformed Fellowship 1968) p. 124.

한 알미니안주의의 공격성을 발견할 수 있다. 개혁신학에서는 자신의 뜻에 따라 모든 것을 역사하시는 창조주 하나님을 주로 인정하지만, 알미니안주의에서는 하나님께서 모든 것을 마련하셨을지라도 결국에는 인간에 의존되어 있다는 것이다. 즉 알미니안주의에서는 구원과 구속의 경륜에 있어서 하나님의 주권을 빼앗아 버린다. 그러나 돌트신경과 개혁신학에서 말하고자 하는 것은 "하나님께서 죄인을 구원하실 때 삼위 하나님은 주권적 지혜와 능력과 사랑으로 죄인을 구원하신다. 아버지는 선택으로, 아들은 구속함으로써 아버지의 뜻을 성취하고, 성령은 갱신함으로 아버지와 아들의 목적을 실행하신다. 그래서 구원이라는 것은 죄에 대해서 죽고 의로 살게 하기 위하여 거룩하게 하는 삼위 하나님의 사역의 결과이다. 그런데 알미니안주의 자들은 구원에 관하여 인간 스스로의 결정에 강조를 둠으로 하나님의 영광스러운 사역을 모두 빼앗아가 버리고 말았다. 더욱이 인간의 무능함을 인정하지 않고, 인간의 자유의지의 능력을 우상의 수준까지 올려 놓고 말았다. 이렇게 할 수도 없는 것을 할 수 있다고 주장하는 알미니안주의는 결국 영혼으로 하여금 자기 자신을 속이도록 만든다.

알미니안주의에 있어서 그리스도의 죽음에 대한 해석은 그 신학이 오류라는 것을 분명하게 말하여준다. 알미니안주의자들은 그리스도의 구속의 사역을 평가절하 하는데, 하나님께서 죄인들에게 용서를 제공하는 길에 놓여진 장애물을 제거하는 것으로 정

25) 이러한 현상은 하나님의 선물인 교회의 부흥이 일어날 때 마다 다시 살아나서 교회의 부흥을 무위로 만들려고 하거나 다른 방향으로 빠지도록 시험한다.

의한다. 그리스도의 죽음이 구원의 믿음을 실행할 수 있는 기회를 창출한 것으로 간주한다. 알미니안주의는 하나님께서 그리스도를 통하여 죄인을 구원하시기 위한 경륜을 가볍게 여기는 것이다. 이러한 알미니안주의는 자연스럽게 중생의 역사를 제거하고, 중생에 있어서 성령의 사역을 단지 도덕적 설득(moral suasion)으로 간주하고, 한편으로 하나님의 진리의 이해의 부여라고 주장한다. 이것은 항의문서 3번째와 4번째 조항과 관련되어 있다. 성령을 통해서 선한 것을 이해하고, 선을 수행할 수 있게 된다는 주장이다. 그들은 성령의 깨우치는 사역과 중생의 씻는 사역 혹은 영혼을 거룩하게 하고, 그 심령에 있는 돌을 제거하는 성령의 사역을 인정하지 않는다. 성령의 사역으로 인하여 그 영혼이 유효하게 그리스도에게 가도록 만드는 강력한 역사를 알미니안주의자들은 외면하거나 혹은 무시한다. 그래서 알미니안주의에 의하면 "내가 그리스도를 위해 결심하였습니다"(I decided for Christ) 혹은 "나는 그리스도인이 되기로 결심하였습니다"(I made up my mind to be Christian)라고 하면 회심한 것으로 간주한다. 얼마나 위험한 피상적인 구원인가? 구원의 은혜의 증거도 없이, 성령의 거룩하게 하는 중생의 역사도 없는데, 그리스도인이 되겠다는 결심 하나로 구원을 받았다고 간주한다면 얼마나 위험한 일인가? 물론 인간적으로 볼 때 이러한 방식은 매우 쉽고, 교인으로서 교회에 등록시킨다면 숫자적 교회 성장은 빠를 것이다. 또한 그 영혼에 성령이 역사하시기까지 기다리지 않아도 되니까 쉽고 편리할 것이다. 그러나 이것은 그 영혼을 속이는 것이며, 정직하지 못한 방식이다. 이런 방식으로 오늘날 복음주의 교회는 20세기에 걸쳐서 괄

목할 만한 성장을 하였다. 그러나 이러한 방식으로 결국 교회에는 명목적 그리스도인과 구원의 은혜가 확실치 않은 교인들이 넘치게 되었다. 그래서 교회는 경건의 능력을 상실하였으며, 세상의 빛과 소금의 역활을 하지 못하고 오히려 비난의 대상이 되고 말았다. 그 원인이 어디에 있는가? 복음주의의 4/5에 해당되는 자들이 바로 알미니안주의자들이기 때문이다. 오늘날 복음주의 우산 아래에서 알미니안주의는 가장 우세한 신학이며, 가장 강력한 힘을 발휘하고 있다. 그래서 복음주의자 내에서 칼빈주의와 알미니안주의 논쟁을 하는 것이 어리석은 일이 되었다. 그런데 문제는 수많은 개혁파 교회의 목회자들이 그토록 문제가 많은 알미니안주의의 정체성을 모르고 있다는 것이다.

더욱이 오늘날 복음주의자 안에서 유행하고 있는 전도 프로그램 혹은 제자훈련 프로그램도 알미니안 신학을 근거로 하고 있다. 이러한 교회적 상황으로 인하여 오늘날 신학과 목회 현장에서 하나님의 주권이 사라진지 오래되었다. 하나님께서 죄인을 회개시키는 원리에 대해서 무지한 시대가 되었다. 그 증거로 알미니안주의에 근거해서, "하나님께서 당신을 사랑하니까, 예수를 믿으라고" 하는 말을 한다. 인간 중심적인 메시지이다. 이러한 초청은 그리스도를 나타내지 못하는 구걸에 불과하다. 이러한 방식으로 전하면 복음을 싸구려로 만드는 일이다. 보다 성경적으로 복음을 전하려면, "당신은 먼저 당신의 죄를 깨닫고, 예수가 왜 필요한지 생각하여야 합니다" 라고 전해야 한다. 이렇게 오늘날 복음주의 교회의 교인들은 복음의 교리들에 대해서 모른다. 성령의 역사로 낮아지며, 애통하고, 온유한 심령이 되는 원리에 대해서 교인들은 생소해하고 있다. 성령의 유효한 역사로 인하여, "내가 무엇을 어떻게 해야 구원을 얻을 수 있습니까?"라고 외치게 되는 과정을 모르고 있다. 그리스도의 죽음이 회개하는 죄인에게 스스로 의로워지려는 모든 것을 포기하게 하며, 그리스도 앞에 철저히 굴복하는 원리를 오늘날 복음주의는 모르고 있다.

복음주의 교회 내에서 유행하고 있는 알미니안주의는 목회방법에서 더욱 활기차게 활동하고 있다. 인간 중심의 어리석은 낙관주의에 근거한 상담과 치유가 유행하고 있다. 이것에 한 걸음 더 나아가서 인간을 만족시키기 위한 실용주의에 근거를 두고 있는 목회가 대 유행하고 있다. 교회에서 하나님의 영광의 용어는 사라졌고, 하나님을 경외하는 마음은 세상적 즐거움으로 대체되어서, 행복, 웰빙(well being)이라는 단어가 표어로 유행하고 있는 실정이다. 종교 개혁의 교리와 정신이 완전히 실종되었다. 교회의 신학적 무지의 정도는 종교 개혁 직전의 로마 가톨릭 교회를 방불케 한다.

13. 영국의 알미니안주의(English Arminianism)와 청교도들(Puritans)

■ ■ ■

청교도의 아버지라 부르는 윌리엄 퍼킨스(William Perkins)가 1590년 골든 체인(Golden Chain)이라 부르는 책을 발간하는데 이는 언약사상과 예정론에 대한 것으로 구원과 징죄의 원인의 순서에 대한 것이었다. 퍼킨스는 타락전 예정론(supralapsarianism)을 견지하였으며 이것은 칼빈과 베자의 영향을 받은 것이었다. 그런데 1595년 4월에 윌리엄 바렛이 캠브리지 대학의 칼빈주의자들의 가르침에 대해서 칼빈주의를 비판하기 시작하였다. 바렛은 프랑스 신학자 피터 바로(Peter Baro)의 영향을 받았던 자이다. 바로는 선택과 유기는 조건적이라고 주장하였다. 이렇게 캠브리지 대학의 칼빈주의자 교수들의 가르침을 비난하면서 알미니안주의가 일어나기 시작했다. 따라서 청교도인 윌리엄 횟테커(William Whitaker)는 보편적 은혜를 주장하는 알미니안주의자들에 대해서 반대 논문을 발표하였다. 한편으로 대주교인 횟기프트는 1595년 칼빈주의 고백서

인 람베스 조항들(Lambeth Articles)에 동의한다고 선언하였다. 그런데 1604년 햄톤 코트 회의에서 청교도인 존 레이놀즈는 람베스 조항들이 영국의 기존 신앙고백서에 추가 되어야 한다고 주장하였다. 그러나 이때 칼빈주의를 오해하여서 도덕률폐기론 방식으로 이해하고 있었다. 여러 사람들이 예정론에 대해서 비난하고 있었다. 1610년부터 영국에서 알미니우스의 작품이 출판되기 시작하였다. 1612년에는 알미니우스가 윌리엄 퍼킨스의 예정론에 대해 비판한 작품인 "Examen"이 출판되었다. 이 책에서 알미니우스는 "하나님께서는 사람들이 믿는 것을 조건으로 해서 모든 사람을 구원하시기를 작정하셨다. 왜냐하면 하나님께서는 사람들을 강제적으로 회심시키는 것이 아니라 차라리 부드럽고 달콤한 설득으로 그들을 움직이신다"라고 주장하였다. 영국에서 알미니우스 작품이 출판됨으로 그의 가르침을 따르는 자들이 서서히 증가 일로에 있었다. 그러나 1619년 돌트 회의가 있기까지는 알미니안주의자들이 크게 활동을 하지 못하였다. 왜냐하면 제임스 왕이 외형적으로 돌트회의를 지지하였기 때문이다. 그러나 찰스 1세(1625-1649)가 등극한 이후 알미니안주의자들이 정치적 힘을 얻게 됨으로 알미니안주의는 더욱 분명하게 자리를 잡는다. 알미니안주의가 영국 교회에 자리를 잡는 것에 공헌한 인물이 리챠드 몽타규(Richard Montagu)와 윌리엄 라우드(William Laud)이다. 몽타규는 "늙은 거위를 위한 새로운 재갈"(A New Gag for an Old Goose)을 1624년 런던에서 출판하였는데, 예정론과 성도의 견인을 부정하는 책이다. 몽타규는 1625년 돌트회의의 권위를 거절하고 칼빈주의자들인 청교도들을 극도로 미워하였다. 그 당시 칼빈주의자들과 청교도들은 동일시 되었기 때문이다. 1629년에 이르렀을 때 캠브리지 대학의 칼빈주의는 매우 약하여져 있었다. 촬스 1세가 즉위하면서 알미니안주의자인 윌리엄 라우드가 정치적 힘을 얻게 되었다. 촬스 1세는 그를 1633년 켄터베리 대주교에 임명하였다. 라우드는 몽타규를 지지하였던 인물이다. 그는 돌트회의의 결정들이 영국 교회에 더 이상 효력이 없다고 주장하였다. 영국 교회는 외국 교회의 결정을 따를 필요가 없다고 주장하였다.[26] 라우드는 기도모범을 재해석하면서 교회를 예식중심으로 바꾸어 나갔다. 이것은 알미니안주의와 의식주의(ritualism)의 만남을 통해 이룩한 결과이다. 교회의 일들을 왕에게 호소하여 선대를 받으면서 사제들은 특권을 만끽하였다. 그러면서 대부분 알미니안주의자인 주교들은 청교도들을 박해하였다.[27] 따라서 청교도들은 알미니안주의의 세상적(Worldly)인 것과 인본주의적(Human-Centered)인 것에 대해 신학적으로 비판하면서 알미니안주의의 영적 유해성에 대해 많은 글들을 쓰게 되었다.

알미니안주의에 대해 신학적 글을 쓴 대표적인 청교도는 존 오웬과(John Owen) 피터 모울린(Peter Moulin)이다.[28] 특히 존 오웬은 그 당시 유명한 알미니안주의의 주장들에 관하여 자신의

---

26) 1625년 8월 2일자 편지.
27) Nicholas Tyacke, *Anti-Calvinists : The Rise of English Arminianism* (Clarendon Press 1991).
28) The works of John Owen Vol. 10에 있는 *A Display of Arminianism* 과 *The Anatomy of Arminianisme* (1620) 이다. 존오웬의 이 논문은 알미니안주의를 반박하기에 가장 뛰어난 논문 중 하나이다.

책 "알미니안주의를 드러냄"(Display of Arminianism)에서 다음과 말하였다.29)

1. 영원부터 선택이 확고히 되었다고 말하는 것은 잘못이다(엡 1:4, 딤후 1:9).
2. 하나님께서 어떤 것을 결정한 것은 인간의 의지의 행위보다 앞서지 않는다(행 15:18; 사 46:10).
3. 사람들이 자신들의 선택을 무효화 할 수 있다. 선택은 불확실한 것이며, 누구든지 복음을 부정할 수 있으며, 내던질 수 있다(롬 9:11; 딤후 2:19).
4. 많은 하나님의 예정들은 분명한 시간에 끝난다(시 33:11).
5. 하나님께서는 모든 사람이 구원받기를 원하지만 악의에 찬 강퍅한 자들을 내어 쫓으시고, 그들이 망하도록 목적과 뜻을 바꾸신다(사 46:10).
6. 사람들이 자신을 믿는 자에서 불신자로 바꿀 수 있듯이, 그들에 대한 하나님의 결정도 바꾸어질 수 있다(말 3:6).
7. 모든 하나님의 예정은 강제적이지 않으며, 어떤 것은 조건적이며, 변경될 수 있다(약 1:17; 출 3:13, 14; 시 102:27; 딤후 2:13; 삼상 15:29; 사 14:27).
8. 하나님께서는 항상 의도하신 사건들을 미리 보지 않으신다(히 4:13; 시 94:9; 신 19:5).
9. 하나님께서는 우리 스스로 자유롭게 하시는 것을 원하신다. 따라서 바라는 것 이상으로 어떤 유효하게 하시는 일을 하지 않으신다. 하나님께서는 단지 피조물에게 영향을 주실 분이시다(잠 21:1, 요

---

29) 괄호안에 있는 성경구절은 알미니안주의 주장에 대한 오웬이 논박을 위해 언급한 것들이다.

5:17; 시 119:36).
10. 우리는 구원을 위해 하나님께서 선택하셨다는 것을 부정한다 (엡 1:4).
11. 우리가 믿음으로 의롭게 되었기 때문에, 우리는 믿음에 의해 선택되지 않았다(딤후 1:9).
12. 유일한 선택의 원인은 하나님의 뜻이 아니라 우리의 순종이다 (롬 9:11).
13. 하나님은 순종의 믿음을 구원의 수단으로 정하셨다. 만약에 누구든지 이 조건을 충족시키면 하나님께서 구원하실 것이다. 그러나 만약 경건의 길에 들어섰다가 떨어져 나가면 그들은 잃어버릴 것이다(엡 1:5; 요 6:37-39; 딛 1:1; 딤후 2:19).
14. 아담의 죄는 자신의 죄일 뿐이다. 하나님께서 아담의 죄를 유아들에게 전가시키실 이유가 없다(롬 5:18).
15. 그리스도의 죽음이 있다 할지라도, 하나님께서는 믿음을 구원의 조건으로 삼았다(롬 3:25, 26).
16. 믿음과 중생을 그리스도의 은덕으로 돌리는 것만큼 헛되고 어리석은 것이 없다(엡 1:3, 빌 1:29).
17. 구약에는 구속주로서의 그리스도에 대한 믿음의 언급이 없다. 또한 아브라함의 믿음의 언급에서 그리스도가 없다(눅 24:25; 26).
18. 타락 이후에 우리는 여전히 믿는 것과 회개하는 것에 능력을 가지고 있다. 왜냐하면 아담이 이 능력을 잃어버리지 않았기 때문이다 (엡 2:1-3).
19. 인간이 믿을 수 있도록 영적 은혜의 원리가 심령속에 형성될 필요는 없다(고전 4:7).

이러한 알미니안주의 주장에 대해서 오웬은 오래된 이단인 펠라기우스주의와 세미-펠라기우스주의가 알미니안주의라는 옷을 입고 다시 나타난 것으로 먼저 언급하였다. 알미니안주의는 자신의 행복을 위해서 인간의 능력을 높이면서 전능하신 하나님의 섭리를 거부하는 것으로 교회에 문제를 일으키는 주장이라고 하였다. 또한 인간의 영혼은 그 부패성으로 인하여 어두워졌을 뿐 아니라 무지 가운데 있기 때문에 하나님의 진리를 이해 할 수 없으며, 편견으로 인하여서 잘못된 이해를 하고 있음에도 불구하고, 알미니안주의자들은 인간의 자유의지 능력에 대해서 높일 뿐 아니라 스스로의 구원을 이룰 수 있다고 주장한다. 특히 알미니안주의는 하나님의 말씀에 대해서 인간의 육적인 이성으로 도전하는데, 그들이 항상 주장하는 것은 하나님은 공정하지 못하며 그의 길은 공평하지 못하다는 것이다. 오웬은 알미니안주의자들을 인간 스스로가 충분하다는 것(self-sufficiency)에 눈이 멀어 바벨탑을 세우려 하는 자들이라고 하였다. 알미니안주의자들은 종교개혁의 원리를 뒤틀려고 하는데, 2가지 목적이 있다.

첫째로 그들 스스로가 하나님의 사법권으로부터 벗어나 그 안에서 버겁게 구속 받아 사는 것으로부터 벗어나서 독립적으로 인간 마음대로 살기 원하는 것이다. 이 때문에 1) 그들은 하나님의 계명의 영원함과 불변성을 부정하고, 자유의지의 제한성을 반대하며 하나님의 계명은 임시적이요 변할 수 있음을 주장한다. 2) 그들은 하나님의 미리 아심에 대해서 의문을 갖는다. 3) 하나님의 모든 것을 다스리시는 섭리를 거부하며, 사람의 마음을 돌리시며, 생각을 지배하고 뜻을 정하도록 하는 하나님의 유효한 능력을 부정한다. 그래서 단지 모든 것은 사람에게 달려 있고 하나님은 단지 인간들이 그렇게 해 주기를 소원하며 바라보는 분으로 전락시킨다. 4) 그들은 저항 할 수 없는 하나님의 뜻의 능력에 대해서 부정한다. 하나님께서는 하시고자 하는 일을 성취하시는 분이다. 그러나 그들은 인간의 자유의지를 우상화하고 하나님의 신성을 초라하게 만든다.

둘째로, 알미니안주의자들이 주장하는 교리의 또 하나의 목적은 죄의 오염과 타락을 부정하여 하나님이 명하신 것을 인간 스스로가 할 수 있음을 주장한다. 이것은 구원의 주된 부분이 사람에 의한 것을 말하고자 하는 것이다. 이 목적 때문에 1) 그들은 그리스도의 은덕으로 영생을 얻고 거룩한 삶을 살게 하는 하나님의 예정교리를 부정하고 2) 원죄와 원죄로 인한 죄과를 부정하고 3) 죄의 근원이 하나님에게 있다고 주장하며 4) 그리스도의 죽음의 효력을 부정한다. 하나님께서 그리스도의 죽음을 통해 교회를 구속하시고, 새 언약의 조건들을 충족시켜 그것으로부터 은혜, 믿음, 그리고 하나님에게 순종 할 수 있는 능력이 얻어지도록 하는데 이것을 부정한다. 5) 사람의 자유의지를 우상화시킴으로 회심 때에 같이 일하는 요소로 주장한다. 그래서 오웬은 알미니안주의를 교만한 루시퍼주의라고 평가하였다.

오웬은 계속해서 논하기를, 알미니안주의는 영원하고 불변하는 하나님의 목적을 내어 던져버리고 있다고 했다. 그리고 이러한 것을 주장하는 알미니안주의자들의 심령에는 하나님의 위엄과 절대적인 능력에 대해서 마음을 두지 않고 있다고 했다. 알미니안주의는 하나님께서 미리 아시는 것과 섭리에 대해서도 의문을 가지고 있음을 지적하였다. 그리고 오웬은 알미니안주의가 원죄의 교리를 심하게 부패시켰음을 강조하였다. 특히 오웬은 알미니안주의자들이 주장하는 자유의지의 능력에 대해서 논거를 폈다. 알미니안주의자들은 이 세상의 모든 사람은 그 자신에게 그리스도를 믿을 수 있는 능력과 회개의 능력이 있으며, 새 언약에 순종할 수 있는데, 그 이유는 아담의 타락으로 인하여 이러한 능력을 잃어버리지 않았기 때문이라고 주장하였다. 이 주장에 대해서 오웬은 1) 인간이 본성상 죄와 허물로 죽었기 때문에 하나님의 은혜를 받기 위해서 스스로를 준비시킬 수 없다. 2) 인간은 영적인 것에 무능할 뿐 아니라 부패된 본성 안에서 영적인 것을 적대시한다. 3) 중생하지 않은 자연인은 자신 스스로의 자유의지의 힘으로 하나님을 알 수 없으며, 알려고 하지도 않는다. 하나님을 기쁘시게 하기 위한 어떤 것도 할 수 없다. 그럼에도 불구하고 자유의지의 능력을 강조하는 알미니안주의는 은혜에 물을 타서 희석하여 약화시키는 자들이다 라고 하였다.

개혁신학에 있어서 그리스도의 죽음은 선택된 자가 구원의 은덕을 입는 공로적 원인(meritorious cause)이 되어서 성령께서 하나님의 말씀을 도구로 하여 은혜를 유효하게 하심으로 구원이 유효하게 되는 것을 말한다. 성령의 유효하게 하는 역사에서 우리에게 중생이 일어나고 믿음이 발생하게 된다. 결국 믿음은 그리스도의 공로의 효과이다. 하나님께서 그리스도의 공로로 인하여 선택한 자에게 회개와 믿음을 부여하시는 것이다. 하나님께서 그리스도를 위하여 선택한자에게 믿음과 영적인 축복을 부여하시는 것이다. 그러나 알미니안주의자들은 그리스도의 공로로 인하여 우리에게 회개와 믿음을 부여하게 된 그리스도의 영광을 없애려고 애쓰는 자들이다. 왜냐하면 믿음을 복음에 대한 개념들에 대한 의무와 순종으로 보기 때문이다. 알미니안주의자들은 믿음을 그리스도로 말미암은 은혜의 선물로 보지 않고 인간의 자발적 의지의 행위(their own acts)로 본다. 하나님의 능력에 의해 발생되는 믿음과 회심을 알미니안주의자들은 인간 스스로의 순종 혹은 행위로 이해하고 있다. 따라서 알미니안주의자들은 믿음을 구원의 조건으로 이해한다. 이러한 알미니안주의의 오류는 정통 교부들이 이단적인 펠라기우스를 향하여 꾸짖었던 것과 같은 것이다.

결국 영국에서 일어난 알미니안주의는 칼빈주의를 반대하기 위한 운동으로서(Anti-Calvinism) 철저한 인간중심 운동이 되었다. 그래서 이들로 말미암아 교회는 더욱 세상적이요 정치적이 되었다. 물론 교회는 영적 능력을 잃어버리고 경건의 모습 조차도 찾아보기 힘든 모습으로 전락하였다. 이러한 알미니안주의의 이단성을 누구보다 잘 파악하고 있었던 청교도들은 알미니안주의의 오류를 오웬과 같이 지적하지 않을 수 없었다.

14. 도덕률폐기론(Antinomianism)
■ ■ ■

16세기의 청교도들은 경건을 수단으로 교회개혁과 사회개혁 운동을 일으킨 자들이다. 이들의 개혁운동은 철저히 영적이며 신학적이었다. 즉 칼빈주의 신학 아래에서 구원론을 통한 교회 개혁을 이루고자 하였다. 그래서 이들은 교회에서 형식주의자들과 위선자들이 넘치지 못하도록 하였고 구원의 효과인 경건을 (Piety) 매우 중요하게 생각하였다. 이러한 경건의 산물로 나오는 구원의 과정에 대해 청교도들은 특별한 이해와 신학(성령론, 구원론)을 가지고 있었다. 그리고 특히 회심의 과정에서 거듭나지 못한 영혼 위에 역사하는 율법의 기능과 회심 후 성화의 수단이 되는 율법의 기능에 대해 강조를 하였다. 이것은 청교도신학이 유럽 대륙의 경건주의와 전적으로 구별되는 중요한 요소로서 청교도 신학의 특징 중 특징이다. 청교도들은 율법이 성령의 영향 아래서 거듭나지 않은 자에게는 죄를 깨닫게 하고 질책하는 기능을 하며 거듭난 자에게는 성화의 수단으로 죄를 미워하고 하나님의 거룩함을 추구하게 하며 진정한 경건을 이루게 하는 은혜의 수단이 됨을 매우 강조하였다. 청교도들의 이러한 율법적인 태도에 대해서 반대하는 자들이 영국에서와 뉴 잉글랜드(New England)에서 출현하게 되었다. 이렇게 청교도들의 율법의 기능에 대해 반대하는 자들은 말하기를 "믿는 자들이 은혜언약 아래에 있는 것이지 행위언약 아래에 있는 것이 아니기 때문에 율법의 계명은 더 이상 유효치 않다" 는 것이다. 이러한 주장을 하는 자들을 도덕률폐기론자(Antinomians)라고 부른다.30) 영국에서는 랜달(Randall), 심슨(Simpson), 랑카스터(Lancaster)가 대표적인 도덕률폐기론자들이고 뉴잉글랜드에서는 앤 허친슨(Anne Hutchinson)이다. 청교도들은 이러한 도덕률폐기론주의를 교회의 경건을 무너트리는 오류 중에 오류라고 보았다.

도덕률폐기론주의자들은 칭의가 선택과 같이 영원하다고 주장하였다. 칭의가 믿음보다 앞서며, 어떤 사람이 믿음을 갖기 이전에 하나님께서 먼저 의롭게 하신다고 하였다. 즉 칭의의 결과로 믿음이 나타난다는 것이다. 도덕률폐기론주의자들이 이렇게 주장하는 이유는 구원의 영원성에 대한 오해와 남용으로부터 나오는 것이다. 따라서 도덕률폐기론주의자들은 다음과 같은 말들

---

30) 청교도 신학자들은 이들과 격론을 벌이며 그들의 위험성을 경고하는데 제임스 더램(James Durham)은 "순종의 원리를 거부하는 것으로 이것 자체가 제 1계명을 어기는 것이다" 라고 말했고 웨스트민스터 신앙고백서 편찬 위원이었던 사무엘 루더포드(Samuel Rutherford)는 "그리스도인의 모든 의무를 거져 주시는 은혜라는 이름 아래 삭제 시키려는 것이다" 라고 지적하였다.

을 하면서 자기 스스로의 거짓된 구원의 확신을 가진다.

> "하나님을 믿는 자들에게서 죄를 찾지 않으신다. 즉 하나님은 사람들에게 죄가 있다는 것을 알지만, 그것 때문에 칭의를 취소하시지는 않는다."
> "하나님은 죄 때문에 믿는 자들을 정죄하는 일을 결단코 하시지 않는다. 즉 하나님은 죄 때문에 인간을 책망하고 견책하시지만, 칭의 때문에 그들을 지옥에 집어 넣는 처벌을 하시지는 않는다."
> "죄는 믿는 자에게 아무 해를 끼치지 않는다. 죄는 인간의 영혼에 아무 피해를 주지 않는다. 왜냐하면 믿는 자들은 의롭다 함을 받았기 때문이다."
> "그리스도인은 죄를 두려워할 필요가 없다. 죄는 당신을 정죄하지 못한다. 당신은 의롭다 하심을 얻었기 때문이다." [31]

도덕률폐기론주의자들이 내세우는 주장은 구원받은 백성 혹은 구원 받을 백성은 결국 구원 받을 것이며, 그들은 칭의로 인하여 미래의 모든 죄도 용서함 받은 것이기 때문에 자신의 구원에 대해서 걱정하거나 염려할 필요가 없다는 것이다. 죄에 대해서 중압감을 느낄 필요가 없다는 것이다. 하나님의 구원이 영원하여서 취소되지 않기 때문이라는 것이다.

이러한 도덕률폐기론주의에 대해서 많은 청교도 신학자들은 그 오류의 위험성에 대해서 지적하고, 교회안에 이러한 가르침이 정착하지 못하도록 반박하였다. 안토니 버게스(Anthony Burgess)는

---

31) 김재성, 개혁신학의 정수 (서울: 이레서원, 2003). p. 394.

"이신 칭의의 진정한 교리" (The True Doctrine of Justification, 1655)에서 도덕률폐기론주의에 대해서 다음과 같이 반박하였다. 1) 하나님께서는 의롭다 여김 받은 자에게 있는 죄를 보시고, 그 죄가 하나님을 대적하는 것으로 여기시고, 또한 기뻐하지 않으신다(렘 50:20). 2) 하나님의 백성의 죄에 대해서 하나님의 진노가 나타난다. 3) 의롭다 여김을 받은 자는 간구의 의미에서 죄의 용서함을 위해 기도해야 한다. 4) 회개가 용서의 원인이 아니지만 회개가 필요하다. 결론적으로 버게스는 진정으로 회심 혹은 의롭다 여김을 받았다면 그로부터 기대 할 수 있는 것은 죄와 싸우는 것이 효과로 나타날 것이라는 것이다. 결코 죄를 가볍게 여기거나 혹은 무시하지 않는다는 것이다. 왜냐하면 진정한 구원에 이르는 자는 회개의 과정에서 죄에 대해서 근심하고, 죄에 대해서 통분하며 미워하는 영적 성향과 습관이 형성되기 때문이다.

앤 허치슨을 중심으로 뉴 잉글랜드에서 일어난 1636-1638년의 도덕률폐기론자들과의 논쟁은 그 위험성으로 인해 이단과 같이 취급되었는데 다음과 같다. 1620년 이래로 신앙의 자유를 찾아 청교도들이 신대륙으로 이주하여 세상에 빛을 비추는 교회와 경건한 사회를 건설하려고 애썼다. 그리고 이들은 광야 같은 곳에 이주해 왔지만 하나님의 섭리와 하나님과의 언약의 개념에서 하나님께서 그들에게 지속적인 은혜를 주시도록 허락하신 그 땅에서 오로지 하나님의 영광을 위해 사는 것이 그들의 사명으로 인식하고 있었다. 이것이 그들의 목표였다. 따라서 청교도 목회자들의 설교 내용은 경건한 삶과 진정한 회심을 위한 설교와 하나님과의 동행인 경건의 연습이었다. 이를 위해 설교자들은 윌리엄 퍼킨스 (William Perkins) 이래 율법 (도덕법)의 기능을 익히 알고 있었으므로 그것을 강조했다. 특히 영국에서 건너온 토마스 후커 (Thomas Hooker)와 그의 사위인 청교도 신학자 토마스 쉐퍼드가 (Thomas Shepard)가 뉴 잉글랜드에서 회심의 신학을 대표했고 거의 모든 청교도 목회자가 이를 따랐다.32) 즉 그들은 율법이 성령의 역사 아래 죄를 책망하여 통회하게 하는 기능과 회심 후 경건의 연습에 율법이 유효한 수단인 것을 강조하였다. 그리고 회심 후 죄를 미워하고, 안식일 (주일)을 거룩하게 지키며, 점잖은 복장, 절제된 행동 등이 성화의 표식으로 인식되었다. 탐욕스러운 삶, 세상적인 즐거움 추구, 안식일(주일)을 어기는 것, 거짓 맹세하는 것등이 죄라는 것을 청교도 목회자들이 설교했다. 왜냐하면 청교도들에게 있어서는 믿음의 고백과 삶의 일치가 같아야 하며 성화는 칭의의 증거라는 개혁 신학에 있었기 때문이다. 그리고 진정으로 회심하게 되면 그 효과로서 복음적 두려움 가운데 도덕법을 지키게 되어있기 때문이다. 결코 하나님 앞에서 공로를 얻기 위한 것이 아니었다. 그러나 영적으로 깨우침이 없는 자와 자유주의적 경향을 가진 사람의 눈에는 이러한 청교도들의 모습이 당연히 율법주의자적인 모습으로 비추어 지게 되었다. 따라서 이러한 생각을 가지고 있었던 자들 중 청교도 목회자들의 설

---

32) 이들은 성령과 율법의 관계에 대해서 전문가들이었다. 특히 윌리엄 퍼킨스 (William Perkins)의 Golden Chain과 존 오웬 (John Owen)의 성령론, 토마스 후커 (Thomas Hooker)의 The Soul's Preparation for Christ, 토마스 쉐퍼드 (Thomas Shepard)의 The Sincere Convert & The Sound Believer 참조.

교를 비판하고 나선 여인이 있었는데 앤 허치슨(Anne Hutchinson) 이었다. 그녀는 청교도 목회자를 비판하고 나서면서 오로지 자신의 담임 목사인 존 코튼(John Cotton) 만이 은혜언약(Covenant of Grace)을 외치고 나머지 다른 목사들은 행위언약(Covenant of Works)를 가르친다고 주장하였다.33) 그녀는 거듭난 자에게 율법이 필요없으며 성화에 있어서 율법의 도덕적 의무들을 행위로 간주하면서 은혜와 행위를 분리시키기 시작했다. 여기서 사실 존 코튼이 앤 허친슨의 신학적인 주장의 기틀을 마련해 주었는데 그는 주장하기를 거듭난 양심은 그 자체로 충분하다고 하면서 성도에게 율법이 더 이상 필요치 않음을 말했다.34) 또한 존 코튼은 청교도 신학에서 강조된 "열매로 그 나무를 알리라"(마 12:33)의 명제를 "뿌리로 그 나무를 알리라"로 바꾸면서 성화는 칭의의 증거로 간주 될 수 없다고 했다.35) 그는 이렇게 주장하면서 칭의의 신학적 해석에 있어서도 청교도들이 주장한 "믿음으로 말미암아 즉 믿음을 수단으로 해서 의롭다 함을 받는" 그것으로부터 달리 해서 칭의의 효과가 믿음이라고 주장하였다.36) 이러한 존 코튼의 신학적 해석은 도덕률폐기론자들의 주장인 성화가 구원의 확신의 증거가 될 수 없다는 것을 지지해주었다. 왜냐하면 믿음과 행위의 불가분의 관계를 잘라서 도덕적 행위의 중요성을 부정하

---

33) 논쟁의 원문은 David Hall 이 편집한 *The antinomian Controversy, 1636-1638* (Duke University Press 1990) 참조.
34) Larzer Ziff, *Puritanism in America* (The Viking Press, 1973) p. 62.
35) 전게서 60 페이지.
36) David Hall, "The Antinomian Controversy" *In Anne Hutchinson: Troubler of the Puritan Zion* (Krieger 1981).

고, 또 의롭다 함을 받은 이상 성화에 관계없이 믿음이 있는 것이며, 구원 받은 상태이므로 성화가 칭의와 구원의 확신이 되지 않는다는 논거를 다 마련해 주었기 때문이다.[37] 따라서 도덕률폐기론자들은 은혜언약 아래 있는 이상 도덕적 의무와 행위는 구원의 확신과 증거가 될 수 없으므로 율법 (도덕법)은 성도에게 필요 없다는 주장을 하였다.[38]

도덕률폐기론자들의 주장은 은혜를 매우 강조 하는 것처럼 보일 수 있다. 그러나 그것은 사실 죄를 짓는데 있어서 허가증을 받고자 하는 매우 육신적인 주장에 불과하다. 이러한 도덕률폐기론자들은 100년후 조나단 에드워즈가 (Jonathan Edwards) 청교도 신학을 다시 일으키면서 제 1차 영적 대각성이 일어났을 때 또 다시 나타나 하나님께서 주시는 부흥을 극단의 열광주의로 (Enthusiasm) 변질시키려 하였다. 물론 오늘날 한국 교회 내에서 이러한 경향의 가르침이 여전히 계속 존재하고 있다. 그들로부터 은혜의 외적 증거인 경건이나, 성화의 모습은 찾아 보기 힘들며 또 자신들이 은혜에 있다고 스스로 생각하기 때문에 매우 교만한 모습을 가지고 있다.

---

[37] 앤 허친슨 (Anne Hutchinson)이 존 코튼 (John Cotton)만이 유일하게 은혜언약을 가르치고 나머지 청교도 목회자들을 행위언약 아래 있다고 주장한 이유가 바로 존 코튼의 이러한 가르침 때문이다.
[38] 도덕률폐기론자들은 청교도신학에 대해 직접적으로 반대한 자들이다. 바로 이러한 이유 때문에 약 100년후 조나단 에드워즈가 청교도 신학을 다시 재조명 할 때 도덕률폐기론자들이 조나단 에드워즈를 반대하고 나섰다.

15. 찰스 촌시(Charles Chauncy)
■ ■ ■

　조나단 에드워즈는 교회의 무너져 가는 경건을 보면서 청교도 신학을 그 수단으로 하여 교회의 경건 회복운동을 일으키고자 애쓸 때 제 1차 영적 대각성을 (1730-1747) 만나게 되었다. 조나단 에드워즈가 이렇게 교회의 경건을 회복하고자 애쓰는 가운데 부흥을 만났는데, 그것은 교회를 무너트리는 잘못된 가르침을 바로 잡으려는 것이었다. 에드워즈는 그 당시 교회의 경건을 무너트리는 잘못된 가르침으로 알미니안주의를 들었다. 에드워즈는 알미니안주의 오류와 싸우기 시작하였다. 이렇게 알미니안주의의 오류를 바로잡으려는 일련의 신학 강론 가운데 1734년과 1735년에 놀샘톤에서 부흥을 경험하게 된다. 놀샘톤의 부흥은 잘못된 교리를 바로 잡기 위한 일련의 신학강론 가운데 일어난 것이었다. 이때 알미니안주의의 오류를 바로잡기 위해서 주력한 가르침은 이신칭의의 교리였다. 알미니안방식의 구원의 이해에서 참된 구원의 도에 대한 깨달음으로 회중이 각성되면서 부흥이 일어났던 것이다. 그런데 이렇게 1 차 영적 대각성이 일어나자, 알미니안 주의자인 촬스 촌시 (Charles Chauncy) 가 부흥을 반대하면서 조나단 에드워즈를 공격하였다. 이때 촌시는 1차 영적 대각성 가운데 잘못된 극단의 열광주의자들을 지적하고 나섰다. 이 열광주의자들은 도덕률폐기론 경향을 가지고 있었다. 따라서 조나단 에드워즈는 외부로부터는 알미니안주의로부터 공격을 받고 있고 내부적으로는 도덕률폐기론자들의 오류로부터 자신을 구별시켜야 하는 2중적 공격 가운데 있었다. 조나단 에드워즈는 이 둘을 (알미니안주의와 도덕률폐기론) 이단시 하면서 하나님께서 주신 부흥을 변호하였다. 영적 대각성 가운데 극단의 열광주의자들은 그들의 순회전도에서 청중에게 자극적으로 극한 감정을 유발시키려고 애썼다. 열광주의자들은 그들의 집회에서 어떤 임시적이요 일시적 체험을 (dramatic and instantaneous) 회심으로 간주하여 의롭다 여김을 받았다고 하여 그들에게 구원의 확신을 주고자 했다. 이러한 구원의 확신은 그들의 체험인 즉각적 계시 (immediate revelation) 와 하나님으로부터 직접적 음성 (direct verbal testimony from God) 을 근거로 하였다.[39] 이것은 실로 위험한 신학이다. 왜냐하면 진정한 구원의 확신은 성화에 있으며 그것은 칭의의 증거이기 때문이다. 따라서 조나단 에드워즈는 이러한 도덕률폐기론자들의 감정적, 육체적 어떤 변화를 성령의 역사로 보고 환상이나 형상들과 혹은 마음의 흥분되는 어떤 생각들을 구원의 확신으로 보

---

[39] 100년전의 앤 허친슨 (Anne Hutchinson) 도 자신은 즉각적 계시를 받는다고 주장하면서 청교도들의 공박을 피해 나갔다.

는 것에 대해 위험하다고 말하면서 이는 불충분 증거와 잘못된 증거를 가지고 구원의 확신의 근거로 삼는 것이라고 하였다. 따라서 진정한 성령의 역사로 인한 회심의 증거에 대해서 조나단 에드워즈는 그의 책 "신앙과 정서"(Religious Affections) [40]에서 설명하였다.

또 다른 한편으로 조나단 에드워즈는 알미니안주의자 3인방인 촌시, 메이휴, 게이 (Charles Chauncy, Jonathan Mayhew, Ebenezer Gay) 와 신학적으로 처절하게 싸웠다. 이는 알미니안주의가 인본주의이며 자유주의이며 거짓 경건을 산물로 만들어 낸다는 것을 알고 있었기 때문이었다. 물론 이 세 사람의 알미니안주의자들은 하나님께서 주신 부흥을 반대하였다. 그 이유는 부흥을 이끈 전도자들이 청교도 신학에 근거하여 의의 필요성, 율법의 두렵게 함, 죄의 질책의 설교를 하였는데 바로 이것에 대해 인간적 논리로 비난하고 나선 것이다. 예를 들면 조나단 메이휴 (Jonathan Mayhew)는 청교도적인 설교에 대해 다음과 같이 비난하였다.

> 많은 사람들에 의해 진실로 복음적이라고 생각하는 자들의 [대각성 때의 전도자들]강해를 들어보면 하나님께서 선하시고 가장 최선의 무한한 분이라는 것을 말하지 않기에 나는 하나님이 이 우주에서 누구보다 공정하지 못하고 잔인한 분이라고 결론 내릴 수 밖에 없다. [41]

---

[40] 이 책은 뉴 잉글랜드 청교도 신학자 토마스 쉐퍼드 (Thomas Shepard)의 The Parable of the Ten Virgins의 내용을 따른 책이다.

조나단 메이휴는 영적 대각성 가운데 있는 전도자들의 설교 중 전적 타락, 죄의 비참함, 죄와 심판 그리고 영원한 정죄 등이 하나님의 은혜를 베푸시는 그 성품과 맞지 않다고 생각하여 이것을 거부했다. 메이휴는 "아담과 하와의 죄가 모든 사람에게 전가되어서 영원한 비참함에 처하게 되었다는 것은 가장 모호한 교리이며, 이것은 성경적이지 않으며, 비이성적인 교리이다" 라고 말하였다. 찰스 촌시 (Charles Chauncy) 역시 이중 예정이나 유기와 같은 교리는 도무지 하나님의 한 없이 은혜를 베푸시는 성품과 (God's Benevolence) 일치 하지 않는다고 주장하였다. 더욱이 알미니안주의자들은 전도자들이 설교한 하나님의 주권에 대해 "자신의 영광의 증진을 위해 두려움과 굴욕적인 순종을 요구하는 그러한 하나님은 의롭지 못하며 비이성적이고 잔인한 하나님" 이라고 비난하기를 서슴지 않았다. 조나단 에드워즈 당시의 알미니안주의자들은 심판교리가 하나님의 사랑, 즉 모든 인류를 보편적으로 구원하시는 하나님과 일치되지 않는다고 하면서 반대하였다. 결국 알미니안주의자들은 청교도들이 외친 교리들에 대해 반대하고 인간의 기준으로 하나님의 신성을 재구성하여 하나님은 언제나, 어떠한 상황이건 간에 인간의 행복 (benevolence)을 위해 존재해야 한다는 논리를 폈다. 알미니안주의자들은 자신들의 이성적 논리를 펴면서 하나님의 주권과 영광을 인간의 행복을 위한 기준으로 탈취하였다. 메이휴는 다음과 같이 말하였다. "선함과 자비

---

41) Jonathan Mayhew, Two Sermons on the Nature, Extent and Perfection of Divine Benevolence (Boston 1763) p. 50; Mary Ava Chamberlain, *Jonathan Edwards against the Antinomians and Arminians* (Columbia University 1990) p. 230 에서 재인용.

는 하나님의 가장 뛰어난 속성이다. 왜냐하면 하나님의 측량할 수 없는 그리고 무한한 힘은 그의 피조물에 대한 선하고 은혜로운 목적들을 성취하기 위해 전적으로 사용된다." 그리고 인간은 각 개인이 자연적으로 가지고 있는 도덕적 감성(Moral Sense)을 교육을 통해 증진시켜 선과 악을 구별하고 덕을 이루면 된다고 알미니안주의자들은 주장하였다. 왜냐하면 하나님께서 인간의 성품에 스스로를 결정할 수 있는 능력을(Self-Determining Power) 부여하셨기 때문에 그것을 가지고 하나님께서 설정하신 구원의 항목들과 (Terms) 일치시키면 된다고 주장하였다.[42] 알미니안주의자들은 행위로 의로워진다는 구조를 살짝 피해가면서 구원의 과정에 있어서 인간의 자율적 행위를 강조하고 있다.

이러한 알미니안주의자들의 주장은 결국 하나님께서 주신 영적 대각성을 무력한 것으로 만들려는 의도에서 기인했다. 그들은 이성적 논리로 그들 스스로의 행복을 위한 하나님을 만들었고 중생 없는 도덕 행위로 구원을 이해하여 일반은혜와 특별은혜의 구별을 무너트렸다. 그리고 그들은 도덕적 위선자의 가능성을 거절하였다. 구원의 은혜가 없이 외형적 종교적 행위로 혹은 도덕적 행위로 자신이 구원받은 백성처럼 위장하는 자들에 대한 문을 활짝 열어놓았다. 지난 100여년 동안 뉴 잉글랜드 청교도들이 경건한 도성을 이루려고 했던 노력을 헛되게 하려는 것이었다. 더욱이 바로 이때 교회적으로나 사회적으로 청교도들의 사회적 윤리

---

42) 전계서 239페이지.

의43) 유산으로부터 벗어나려고 하려는 자들이 나타나게 되었다. 즉 경건한 사회를 위한 경제적, 사회적 질서로부터 벗어나서 다른 사람보다 더 많은 부를 축적하고자 하는 보스톤의 상인들이44) 바로 그들이었는데 이들은 자유주의적인 알미니안주의를 옹호함으로 더욱 세상적인 (Worldly) 것을 부채질 하였다.45)

그래서 조나단 에드워즈는 이러한 자유주의자들, 알미니안주의자들을 이단으로 보고 이들로부터 교회를 구하기 위해 1734년부터 싸우기 시작하였다.46) 특별히 그의 작품 '진정한 덕' (True Virtue)은 알미니안주의자들에 대한 대 반격의 작품이며, '창조에서의 하나님의 목적' (God's end in creation), '신앙과 정서' (Religious Affections), '의지의 자유' (Freedom of Will), '원죄' (Original Sin)를 통하여 알미니안주의의 오류에 대해서 철저히 파헤쳤다. 먼저 에드워즈는 '진정한 덕' 의 작품 속에서 자연/은혜의 구조로 논쟁을 이끌어 가면서 알미니안주의자들이 자연을 은혜보다 앞서게 하였다라고 말하였고, 본질적인 부패의 개념을 설명하였다. 알미니안주의자들은 청교도들이 강조하였던 우리의 자연적 (natural, 거듭나지 않은 자의) 행위가 더러운 옷과 같다는 가르침을 반대하였다. 촬스 촌시와 조나단 메이휴는 인간은 본성상 진정한 덕스러운 행위를 할 수 있다고 주장하였다. 에드워즈는 알미니안주의자들의 주장하는 덕은 가짜이거나 혹은 환영에 불과하다고 하였다. 왜냐

---

43) 청교도들의 Federal Theology로 부터 나온 것이다.
44) Williamses와 Hawley가 대표 인물이다.
45) Perry Miller, *Jonathan Edwards* (Meridian Books 1949) pp. 113-114.
46) 전게서 P. 106.

하면 알미니안주의자들이 말하는 자연적 도덕의 능력 (natural moral capacity)은 사실 죄에 의해서 부패되었기 때문에, 외양으로는 덕스러워 보일지라도 그것은 가짜이거나 환영에 불과하다는 것이다. 에드워즈는 진정한 덕은 오직 하나님의 은혜로 가능한 것이라고 하였다. 에드워즈는 진정한 덕과 경건을 같은 것으로 보았다. 에드워즈는 '신앙과 정서'에서 알미니안주의가 오류인 것을 논증할 때, 알미니안주의는 거짓 경건을 조장하고, 구원에 있어서 거짓 자기 확신에 빠뜨리는 것이라고 하였다. 그리고 오직 믿을만한 경건의 증거는 은혜에 원인을 두고 있다고 말하였다. 따라서 진정한 덕은 은혜에 원인을 두고 있어야 한다고 하였다. 결국 진정한 덕은 개인의 자연적 능력에 의해서 얻어지는 것이 아니다. 일반적인 도덕과 달리 진정한 덕은 구원의 은혜의 선물이다. 결론적으로 알미니안주의자들이 주장하는 일반적 도덕 (ordinary morality)은 진정한 덕 (true virtue)과 동일시 할 수 없으며, 자연적 도덕적 능력에 강조를 두게 되면 결국 은혜를 무시하게 되기 때문에 심각한 오류가 되는 것이다.

에드워즈는 자유의지의 자유를 강조하는 알미니안주의에 대해서 철학적으로 논증을 하였다. 알미니안주의자들은 인간의 의지에 스스로 결정하는 힘이 있다고 생각하였다. 의지자체가 모든 의지의 자유로운 행동들을 결정한다고 전제하였다. 따라서 에드워즈는 의지의 자유에 대해서 논할 때, 어떤 행동들을 결정하는 것에 있어서 의지는 자유롭지 못하다고 말한다. 왜냐하면 행동을 결정하게 하는 원인들이 외부에 있기 때문이다. 예를 들면 다섯

개의 연속된 행위들이 있다고 가정한다면, 마지막 행위는 네 번째에 의하여 결정되고, 네 번째는 세 번째에 의해서, 세 번째는 두 번째에 의하여, 두 번째는 첫 번째에 의해서 결정된다. 그런데 첫 번째 행동도 의지에 의해서 결정되는 것이 아니라 의지에 영향을 준 것에 의해 된 것이다. 결국 의지가 어떤 행동을 결정하는 것에 있어서 자유롭지 못한 것이다. 따라서 알미니안주의자들이 주장하는 의지가 스스로 결정하는 (will's self-determination) 의지의 자유 개념은 모순되는 것이라고 에드워즈는 설명하였다. 더욱이 에드워즈는 믿음과 도덕적인 문제에 있어서 인간 개인은 완전한 자율성을 가질 수 없다고 설명하였다.

'창조에서의 하나님의 목적'의 작품에서 에드워즈는 알미니안주의자들이 주장한 하나님께서 세상을 창조하신 목적이 인간의 행복을 위한 것이라는 논증에 대한 반론을 하고 있다. 에드워즈는 인간의 행복보다 하나님의 영광이 최종적이며 또한 우선한다고 설명하였다. 알미니안주의자들의 신학에 있어서 하나님의 존재의 목적은 인간의 행복에 있다는 것이다. 이것이 그들의 중심사상이다. 그래서 원죄, 심판, 유기 교리들을 도무지 받아들일 수 없었던 것이다. 물론 구원에 있어서도 하나님께서 주권적으로 은혜를 베풀기 보다는 인간이 결정하는 것으로 말하기를 더욱 선호하는 이유도 여기에 있다. 그래서 에드워즈는 하나님 영광이 인간의 행복을 빼앗아 가는 것이 아니라는 논쟁을 하였다. 그러나 하나님의 영광이 인간의 행복보다 우선한다고 하였다. 하나님 영광이 창조의 제일 목적이라고 하였다. 하나님 영광에 대한 교통의 증진은 점진적으로 부패성을 뽑아내게 한다고 하였다. 여기서 우리가 발견할 수 있는 알미니안주의의 특징은 인간의 기준과 도덕성을 가지고 하나님을 판단하고 있다는 것이다.

에드워즈는 알미니안주의자들이 원죄에 대한 교리를 잔인한 교리라고 비난한 것에 대해서 원죄 교리에 대한 변호를 위해 작품을 쓴다. 알미니안주의자인 존 테일러 (John Taylor)의 작품에 대응하여 '원죄' (Original Sin)의 작품을 썼다. 테일러는 아담의 죄가 인류에게 전가되었다는 것을 거부하였다. 에드워즈는 이러한 테일러의 주장이 성경의 근본 교리인 이신칭의 교리를 무너트리는 것이라고 지적하면서 인간이 본성상 부패하였음을 논증하였다. 아담은 하나님의 신적 질서 안에서 그의 후손과 연합되어 있었다. 하나님께서는 주권적으로 모든 피조물들의 실제가 연속성과 통일성이 있도록 명령하셨고 유지시키시고 계신다. 사람도 성품과 성질과 인격에 있어서도 연속성과 통일성이 있다. 더욱이 하나님께서는 행위의 언약에 있어서 (창 2:16, 17) 그 후손을 아담과 함께 하나로 보셨다. 아담이 죄를 지었을 때 모두가 죄를 지었다. 그래서 아담의 죄는 인류에게 전가되었으며, 부패시키고 말았다. 더욱이 사람의 내재적 부패성은 아담의 죄에 대한 법정적 심판이 아니다. 아담의 죄악된 행위로부터 나온 죄에 기울어진 성향에 우리가 참여함으로 나온 우리의 실제적인 부패이다. 아담에서 일어난 죄는 그의 후손에게 실제적으로 전가되었는데, 먼저 죄가 있고, 죄의 전가가 일어났으며, 그리고 부패되었다. 에드워즈는 모든 인류의 뿌리와 가지들이 실제적으로 연합되었기 때문에 (이것은 모든 만물을 지으신 하나님께서 세우신 시스템이다), 아담의 죄는 우리의 죄가 되는 것이다. 즉 부패와 죄의 전가는 아담과 그의 후손의 연합으로부터 오는 것이다. 이러한 원죄의 교리와 죄의 전가의 교리는 이신 칭의 교리의 핵심을 설명하여 준다. 인간의 부패성을 보는 것은 하나님의 영광의 구원의 은혜를 보게 한다.

그럼에도 불구하고 영적 대각성이 지나간 후 (1750년 이후) 계속되는 알미니안주의자들의 기승에 뉴 잉글랜드의 교회는 서서히 그들에 의해 잠식되어 의심과 회의에 차게 되고 경건적인 면에 있어서 급격히 하향 길로 접어든다. 그 이유는 거듭남이 없는 개혁 (Reform without Regeneration)으로 경건을 도덕으로 대체하기 때문이다. 그리고 결국 뉴잉글랜드 신학 (New England Theology)이 자리 잡게 된다.[47]

---

47) Joseph Haroutunian, *Piety versus Moralism: The Passing of the New England Theology* (Harper Torchbooks 1970) 참조.

16. 하이퍼 칼빈주의(Hyper-Calvinism)

1689년부터 알미니안주의에 대한 극단의 반대로서 하이퍼 칼빈주의가 영국에서 일어났다. 하이퍼 칼빈주의란 하나님의 주권을 강조한 나머지 인간의 책임을 제외하는 가르침이다. 실제로 하이퍼 칼빈주의는 역사적 칼빈주의를 거부하는 것이다. 하이퍼 칼빈주의는 하나님의 주권에 대한 성경적 이해에서 벗어난 것이다. 보통 신학사전에서 하이퍼 칼빈주의에 대한 정의는 하나님의 주권만을 강조하고 죄인의 영적 도덕적 책임을 최소화시키는 것으로서 저항할 수 없는 은혜에 대한 강조로 복음 전도의 필요성을 부정하는 것이라고 되어있다. 이러한 하이퍼 칼빈주의는 1707년 존 훗시(John Hussey)의 영향을 받은 존 스켑(John Skepp)에 의해서 형성되었다. 그러나 1735년에 이르면서 침례교도인 (Particular Baptist) 존 길이 조직적으로 이를 체계화 하면서 그 신학이 정리된다. 존 길은 이단적인 알미니안주의를 제거하려는 노력을 하다가 다른 극단으로 가고 말았다. 하이퍼 칼빈주의가 유행하면서 교회는 죽어가고 있었다. 이렇게 잘못된 신학으로 인하여 교회가 죽어가고 있을 때, 하이퍼 칼빈주의의 신학적 오류를 앤드류 풀러 (Andrew Fuller)가 밝혀내었다. 앤드류 풀러는 신학적 오류를 밝히면서 그것을 하이퍼 칼빈주의라고 불렀다. 따라서 하이퍼-칼빈주의라는 용어는 18세기 중반의 앤드류 풀러가 하이퍼 칼빈주의의 잘못됨을 비판하면서 사용한 말이다. 하이퍼 칼빈주의는 칼빈주의를 훨씬 과장시켜 극단의 경향을 가지고 있으며 개혁신학에서 벗어난 신학이다. 칼빈주의를 곡해한 하이퍼 칼빈주의는 신학적으로 문제가 많은 위험한 가르침이다.

첫째로, 하이퍼 칼빈주의자들은 하나님의 주권만을 강조하고 인간의 책임을 면제한다. 그들은 하나님의 주권과 인간의 책임을 어떻게 균형적으로 설명해야 하는지를 몰랐다. 알미니안주의자들이 하나님의 주권을 배제하고 인간의 자유의지 혹은 인간의 책임만을 강조한 것에 대해서 과도한 반응으로 다른 극단으로 가버리고 말았다. 하이퍼 칼빈주의자들은 하나님의 주권을 강조하면서 인간의 자유의지 혹은 인간의 책임부분을 희생시켰다. 그러나 성경에서는 분명하게 인간의 책임과 의무 부분이 강조되어 있다. 그들의 신학적 이론에 따르면 영적으로 부주의한자가 되며 게으른 자가 될 수 밖에 없다. 하나님께서 선택한 자의 구원을 위해 모든 것을 다하시기 때문에 단지 인간은 누리기만 하면 될 것이라는 것이다. 그러나 진정한 구원의 은혜는 우리로 열심을 품고 주를 섬기도록 만드는 것이다(롬 12:11).

둘째로, 하이퍼 칼빈주의자들은 인간의 전적 타락과 부패의 교리를 극단적으로 해석하여서 타락한 인간이 하나님에 대해서 생각할 수도 없으며, 생각할 마음도 없다고 하면서 복음 전할 필요성을 부정한다. 하이퍼 칼빈주의자들은 복음전도에 있어서 성령의 역사와 일하시는 것에 대해서 무지하였다. 하나님의 말씀이 죄인들에게 외쳐질 때, 성령께서 그들의 영혼 위에 일하셔서 깨닫게 하며, 죄에 대한 각성이 일어나게 함을 알지 못했다. 그런 까닭에 반드시 죄인들에게 하나님의 말씀을 가르쳐야 하며, 복음을 전하여야 하는 것이다. 복음 전도는 하나님께서 택하신 백성을 구원하시는데 사용하시는 은혜의 수단이다. 따라서 복음전도는 우주적 (universal)인 것이다. 이것은 주님의 은혜로운 명령이다. 그러나 하이퍼 칼빈주의자들은 이러한 복음 전도의 설교의 필요성을 부정하였다.

셋째로, 하이퍼 칼빈주의는 제한 속죄를 (Limited Atonement) 과장하여 확대시킨다. 그리스도의 속죄적 죽음이 선택된 자에게만 유효하다는 교리를 곡해한다. 하나님께서 구원하실 자는 다 정하여졌다고 생각하여서 복음의 초청을 (Free Offer) 반대한다. 하이퍼 칼빈주의의 신학자인 존 길은 또 복음은 누구에게든지 믿으라고 강요하지 않는다고 말함으로 복음의 초청을 부정하였다. 존 길은 복음의 초청은 보편속죄를 (Universal Atonement) 믿는 잘못된 칼빈주의자들과 알미니안주의자들이 행하는 것으로 생각하였다. 여기에서 하이퍼 칼빈주의자들은 복음 전도가 은혜의 수단 일뿐 아니라, 복음 전도로 인하여 선택된 백성이 나타나는 것을 놓치고 있다. 사도 바울이 비시디아 안디옥의 회당에서 복음 설교를 하였다. 이때 복음을 반대하는 유대인들이 나타났지만, 한편으로는 기뻐하면서 하나님의 말씀을 듣고 찬송하는 자들이 나타났다. 바울은 이방인들이 듣고 기뻐하여 하나님의 말씀을 찬송하는 자들을 영생을 주시기로 작정된 자라는 확신을 가졌다(행 13:48). 즉 복음 전도의 설교를 통해서 선택된 자가 드러나는 것이다. 그러나 어리석게도 하이퍼 칼빈주의자들은 복음의 초청을 반대하고 있다. 이는 실로 칼빈주의 신학과 청교도 신학에서 멀리 벗어난 잘못된 신학이다.

넷째로, 칭의의 교리를 확대시켜서 영원 칭의 (Eternal Justification) 와 믿음으로 말미암아 의롭게 된다는 것 대신에 믿음 이전에 의롭게 된다고 (Justification before faith) 주장한다. 그러나 이러한 주장은 칼빈주의자들의 칭의 교리와는 분명 다르다. 왜냐하면 웨스트민스터 신앙고백서의 11장 4절에 따르면

> 하나님께서는, 영원 전부터 택함 받은 모든 사람을 의롭다 하시려고 작정하셨다. 그리고 그리스도께서는 때가 차매 그들의 죄를 위하여 죽으시고 그들을 의롭다 하심을 위하여 다시 살아 나셨다. 그렇지만, 그들이 의롭다 함을 받는 것은 성령께서 때를 따라 실제로 그리스도를 그들에게 적용시킬 때 비로서 가능하다[48]

고 말하기 때문이다. 그러나 하이퍼 칼빈주의자들은 실제적으

---

[48] G. .I Williamson (나용화 역) 웨스트민스터 신앙고백서 강해 (개혁주의신행협회 1989) p. 179.

로도 영원 전에 의롭다 여김을 받는다고 주장한다. 그래서 그들은 "심지어 선택된 자들이 아직 회심하지 않았을 지라도 그들은 실제적으로 의롭다 함을 받았다"라고 말하기까지 한다.[49] 그렇기 때문에 존 길과 하이퍼 칼빈주의자들은 선택된 자들은 그들이 믿기 이전에 벌써 의롭다 여김을 받는다고 말하는 것이다. 이러한 이유로 인해 하이퍼 칼빈주의자들은 더욱 복음의 초청에 대해 반대하는 것이다. 결국 하이퍼 칼빈주의자들이 이렇게 주장하는 이유는 알미니안주의자들이 회개의 초청에서 인간의 응답을 강조한 것에 대한 극단의 반응으로 인한 것이다. 여기에서 알미니안주의나 하이퍼 칼빈주의 모두 신학적 오류를 가지고 있음을 발견하게 된다. 그들은 죄인을 회개시키는 성령의 역사에 대해서 모두 눈을 감았다. 성령께서 죄인으로 하여금 자신의 죄를 보게 하시고, 회개하게 하시는 것에 대해서 알미니안주의와 하이퍼 칼빈주의 모두가 놓치고 있는 것이다. 또한 하이퍼 칼빈주의자들이 믿음이 없이도 의롭다 여김을 받는다는 것을 주장하게 된 배경은 알미니안주의자들로 인하여 회심 이전에 믿음을 가지는 것을 인간의 책임으로 보았고, 믿음이 인간의 책임이라면 결국 행위로 구원받는 것으로 이해하였기 때문이다. 여기에서 하이퍼 칼빈주의자들이 놓친 성경의 중요한 교리는 믿음이 하나님의 선물인 것이다. 하나님께서 믿음을 선물로 주심으로 그 믿음은 도구가 되어서 그리스도를 붙잡게 됨으로 구원을 얻는 것을 이해하지 못하였던 것이다. 결국 성령께서 일하신 중생의 효과로서 회개와 믿

---

49) Curt Daniel, *Hyper-Calvinism and John Gill* (University of Edinburgh, 1983) p. 312.

음이 나오는 것을 알미니안주의자들과 하이퍼 칼빈주의자들은 놓치고 말았다.

다섯째로, 하이퍼 칼빈주의자들은 여러 면에서 도덕률폐기론 신학을 따른다. 먼저 회심에 있어서 죄의 질책이 필요 없음을 말하면서 회심은 하나님의 용서와 사랑에 대해 만족하는 것으로 말한다.50) 그러면서 하이퍼 칼빈주의자들은 도덕률폐기론자들과 칭의에 대한 입장이 같고 성화에 대한 태도가 같다. 즉 성화에 있어서 인간의 책임을 면제하여서 의롭다 함을 받은 후 선행 (Good Works)의 필요성을 부정하고 심지어는 성화도 칭의와 같이 전가된 (imputed) 것으로 보는 자도 있다.51) 그래서 한번 의롭게 된 자는 다 되었다고 하는 완전 성화 (Perfectionism) 길을 열어 주면서52) 다른 한편으로는 죄를 지어도 괜찮다는 무법의 상태에 이를 수 있도록 하여 준다 (Licentiousness). 이러한 것뿐만 아니라 도덕률폐기론자들이 신비적 열광주의로 빠지는 것처럼 하이퍼 칼빈주의자들도 이러한 경향을 가진다. 즉 성화의 규칙인 도덕법을 부정함으로 지식이 없는 열심으로 인해 열광적 신비주의로 빠지는 길을 제공한다. 1637-8년에 뉴 잉글랜드에서 일어났던 앤 허치슨 (Anne Hutchinson) 의 도덕률폐기론자들이 직접 계시를 주장하였던 것이 바로 그 예이다. 이러한 잘못된 것 때문에 스코틀랜드 장로교 신학자, 존 던칸 (John Duncan, 1796-

---

50) 전계서 481 페이지.
51) 전계서 671 페이지.
52) 바로 이 점에서 하이퍼 칼빈주의와 알미니안적 도덕률폐기론자들과 함께 만난다.

1870) 은 "도덕률폐기론은 이단이다"라고 하였다.53) 따라서 인간의 책임을 깡그리 무시하고 모든 것을 하나님에게 전가해 버리면서 하나님의 권위에 도전하는 하이퍼 칼빈주의는 매우 위험한 신학이며 유사 혹은 거짓 칼빈주의이다54) 성화는 성령의 사역인 동시에 회심한 자에게 책임으로 두었다. 성화란 인간의 책임을 다함으로 이루어지는 것이 아니다. 오히려 성화의 책임을 다하고자 수고할 때, 인간의 연약함과 무능함이 더욱 드러나게 되어있다. 그래서 더욱 성령의 도우심과 은혜를 의지할 수밖에 없도록 만든다.

더욱이 성화는 두 부분으로 되어있는데, "죄를 죽이는 것"(mortification)과 "성령 안에서 행하는 것"(vivification)이다. 따라서 성령을 절대적으로 의존해야 한다. 이렇게 은혜를 의지해서 거룩하고자 애쓸 때 성령의 도우심으로 더욱 성화될 수 있다. 그래서 결국에는 내가 노력해서 혹은 책임을 다했기 때문에 성화된 것이 아니라 오직 하나님의 은혜로 되었다는 것을 인정하고 감사하게 된다. 사도바울은 이 원리를 고린도전서 15:10절에서 잘 고백하고 있다. "나의 나 된 것은 하나님의 은혜로 된 것이니 네게 주신 그의 은혜가 헛되지 아니하여 내가 모든 사도보다 더 많이 수고하였으나 내가 한 것이 아니요 오직 나와 함께하신 하나님의 은혜로라." 따라서 하이퍼 칼빈주의자들이 칭의만으로

---

53) "I suspect that, after all, there is only one heresy, and that is Antinomianism… they say that 'believers have nothing to do with the law.' Is there not a kingdom, and is not God a great King? And how can there be a kingdom without a law?" (Quoted in 'Just a Talker') pp. 4-5.
54) Curt Daniel 전게서 748 페이지.

구원받는다고 주장하는 것은 매우 위험한 신학이다.

결국 이러한 잘못된 가르침으로 인해 교회는 깊은 잠에 빠지게 되었다. 왜냐하면 전도 할 이유도 없고 오히려 그것이 잘못되었으며, 성화를 힘쓰지 않으며, 죄에 자신을 방임해도 되기 때문이다. 그러나 1770년에 이르러 이러한 깊은 잠을 깨우치는 앤드류 풀러(Andrew Fuller)가 나타나게 되었다. 그는 이러한 신학적 태도를 하이퍼 칼빈주의라고 명명하면서 이것의 잘못됨을 외치게 된다. 특히 그는 존 번연의 글을 가지고 존 길의 Body of Divinity의 신학적 오류를 지적하였다. 즉 예정과 선택의 교리와 죄인에 대한 복음의 초청은 서로 모순되지 않음을 증명하고 복음이 순종을 요구하며 그 순종은 구원의 믿음까지도 포함됨을 신학적으로 강해하였다.

이러한 논쟁에 있어 앤드류 풀러는 또한 청교도 신학자 존 오웬의 글을 인용하였다.[55] 결국 앤드류 풀러는 윌리엄 캐리(William Carey)에게 직접 영향을 주었다. 윌리엄 캐리는 "An Enquiry into the Obligations of Christians to Use Means for the Conversion of the Heathen, in which the Religious State of the Different Nations of the World" 라는 논문을 통해 선교의 당위성을 주장하였고 결국 1792년 Particularly Baptist Missionary Society를 조직하여 현대 선교의 문을 열었다.[56]

---

[55] T. E. Watson, "Andrew Fuller's conflict with Hypercalvinism" A symposium of papers read at the Puritan and Reformed studies Conference, December 1959 pp. 22-29.

앤드류 풀러와 윌리엄 케리가 하이퍼 칼빈주의의 비성경적인 것들을 증명하였음에도 불구하고 하이퍼 칼빈주의는 19세기 중엽 다시 일어나서 존 던칸 (John Duncan)과 촬스 스펄전 (Charles Spurgeon)이 그들에 대항해서 격전을 벌였다. 존 던칸은 두 개의 신학적 극단인 알미니안주의와 하이퍼 칼빈주의에 대해서 다음과 같이 말하였다: "하이퍼 칼빈주의는 모두 집이며 문이 없다. 알미니안주의는 모두 문만 있으며, 집은 없다." 57) 스펄전과 하이퍼 칼빈주의의 논쟁은 더욱 뜨거웠다. 스펄전은 복음이 모든 사람에게 예외 없이 전해져야 한다고 주장하면서 이것을 부정하는 것은 오류라고 하였다. 하이퍼 칼빈주의는 선택의 교리를 전도에 잘못 적용하는 것이며, 이신 칭의의 교리를 뒤틀어버려서 믿음을 내버리고 성화없는 구원을 주장하기에 이르렀다. 하이퍼 칼빈주의들이 말하는 구원은 성경적 구원이 아니다.

그럼에도 불구하고 하이퍼 칼빈주의는 오늘날에서도 역시 교회에서 쉽게 발견될 수 있다. 즉 성도의 견인 교리를 (Perseverance of Saints) 오용하여 인간의 책임 부분을 면제하려는 그들의 잘못된 신학을 발견할 수 있고, 실천적으로는 주 예수 그리스도를 자신의 구원만을 위한 구원자 (Savior)로서만 인정하고, 지금 순종하고 따라가야 하는 주 (Lord)로서는 필요로 하지 않으며, 더

---

56) David Kingdon, "William Carey and the Origins of the Modern Missionary Movement" A symposium of papers read at the Puritan and Reformed studies Conference, December 1992 pp. 69-91.
57) "Hyper-Calvinism is all house and no door; Arminianism is all door and no house" *Life of John Duncan* (Edinburgh, 1872) p. 404.

욱이 장차 오실 심판자 (Judge)이신 심판의 주로는 예수를 원치 않는 자들 가운데 널리 퍼져 있다.58)

---

58) Kenneth G. Talbot and Gary Crampton, *Calvinism, Hyper-Calvinsim and Arminianism* (Still Water Revival Books 1990) p. 52.

17. 존 웨슬레(John Wesley)와 알미니안주의 (Arminianism)

18세기의 영국 사회개혁운동을 이끌었던 존 웨슬레의 영향은 오늘날 복음주의 교회에 영향을 미치고 있다. 웨슬레는 신앙 체험을 강조하였는데, 특별히 완전성화의 체험을 중시하였다. 물론 그가 취하고 있는 신학적 입장은 알미니안주의이지만, 17세기의 알미니안주의 (항의파)로부터 구별된다. 왜냐하면 웨슬레는 분명히 알미니안주의와 칼빈주의의 충돌로부터 제 3의 길을 모색하고, 그것을 추구하였기 때문이다. 물론 웨슬레는 그 당시 교회의 경건을 무너트리고 있었던 도덕률폐기론주의의 오류성을 알고 있었으며, 교회의 경건을 세우기 위한 새로운 신학을 찾고 있었다. 웨슬레가 목표로 하는 것은 개인의 성결, 교회의 경건, 사회개혁들로서 개혁자의 정신이 들어있었다. 그러나 이러한 제 3의 신학을 모색하면서 웨슬레는 하나님의 주권과 인간의 책임의 관계에 있어서, 인간의 책임에 강조를 두었기 때문에 결국 알미니안주의의 테두리를 벗어나지 못하였다.

웨슬레는 아담이 타락한 결과로 온 인류가 타락하였다고 주장하였다. 아담이 죄를 지음으로 그의 의지는 부패되어서 마귀적인 슬픔, 분노, 미움과 두려움, 수치로 번졌으며, 이해력은 어둡게 되었다고 말하였다. 그리고 죄의 효과로 하나님과의 교제는 끊어졌고, 육신은 죽을 수밖에 없게 되었다. 웨슬레는 분명 원죄를 믿었다. 그는 원죄를 부정하는 존 테일러 (John Taylor)를 향하여 하나님 나라를 무너트리는 노력을 하고 있다고 꾸짖기도 하였다. 원죄로 인하여 우리의 본성은 능력과 기능에 있어서 부패되었다고 주장하였다.

웨슬레는 원죄와 부패성을 인정함으로 개혁신학자와 비슷하게 출발하지만, 선행적 은혜를 주장함으로 16세기 개혁주의자들로부터 분명하게 구별된다. 웨슬레는 전적 부패라는 용어를 사용하면서 하나님의 은혜가 전혀 없는 자들을 자연인 (natural man)이라고 부른다. 그러나 웨슬레는 이러한 자연인이 실제로 존재하는가? 라는 질문에서, 성령을 완전히 소멸하거나 하나님의 은혜를 완전히 무효화시키지 않는 한 단지 자연인 상태의 사람은 없다고 말한다. 웨슬레는 요한복음 1장 9절을 근거로 해서 모든 사람은 어느 정도 빛을 가지고 있으며, 연약하게 비추는 빛이라도 이 세상에 온 모든 사람을 깨우칠 수 있다고 주장하면서 이것을 선행적 은혜라고 부른다. 즉 이 세상의 모든 사람은 빛이신 그리스도, 하나님의 회복된 임재로 인하여 어느 정도 빛을 가지고 있는데,

이것은 이 세상 모든 사람에게 거저 주시는 은혜라고 말한다. 웨슬레는 구원은 바로 선행적 은혜로부터 시작하는데, 그것은 죄를 질책하고, 보이지 않는 하나님의 것들에 대한 무감각하고 무지한 것으로부터 깨어나게 해서 생명으로 향하게 만든다고 말한다. 이러한 선행적 은혜는 그리스도의 구원 사역과 성령의 사역을 통하여 모든 사람에게 적용된다고 하였다. 그래서 모든 사람이 크던 적던 이 은혜를 가지고 있다고 주장하였다. 웨슬레는 선행적 은혜가 가져다 주는 은덕들을 언급하였다. 첫째로, 웨슬레는 로마서 1:19절의 모든 사람이 하나님에 대한 기본의 지식을 가지고 있는데, 이것은 성령의 사역을 통한 선행적 은혜의 결과이다. 결국 모든 사람이 최소한의 하나님에 대한 지식은 갖고 있다는 것이다. 둘째로, 인간이 하나님의 은혜로부터 떨어진 이후에 영적으로 죽어서, 창조 시에 그들의 마음에 새겨둔 (하나님의 형상으로 지음을 받았기 때문이다) 하나님의 거룩한 법을 이해하거나 행할 능력이 없다. 따라서 웨슬레는 선행적 은혜로 하나님께서 그들의 마음에 도덕법의 지식을 다시 새겨 넣으셨다고 주장하였다. 셋째로, 웨슬레는 양심의 근원을 자연적이거나 사회적으로 보지 않고 초자연적으로 보았는데, 양심이 선행적 은혜와 함께 일하는 것으로 이해하였다. 넷째로, 웨슬레는 원죄의 교리에서 인간의 자연적 자유의지를 가지고 있다는 것을 부정하였다. 그런데 선행적 은혜로 인하여 자유의지가 모든 사람에게 초자연적인 빛과 함께 회복되었다고 믿었다. 그리고 선행적 은혜로, 즉 그리스도의 속죄에 근거해서 원죄의 죄책이 제거되었다고 하였다. 다섯째로, 웨슬레는 선행적 은혜로 인간의 죄악을 억제하게 되었다고 주장하였다.

웨슬레의 선행적 은혜론은 그의 알미니안 신학을 이해하는 것에 매우 중요하다. 선행적 은혜는 그리스도의 속죄를 보편적으로 이해한다. 그래서 모든 사람이 혜택을 받는다. 그래서 선행적 은혜로 모든 사람의 원죄의 죄책에서 벗어나게 된다. 물론 선행적 은혜는 사람이 저항 할 수 있는 것이다. 그래서 자신 스스로의 선택으로 자신의 운명을 선택할 수 있다. 결국, 웨슬레의 선행적 은총론은 신적 결정주의(divine determinism)을 피하고 인간의 책임을 강조하기 위한 해결의 노력에서 나왔다. 즉 사람이 은혜를 받지 못해서 구원을 못 받은 것이 아니라, 인간이 은혜를 받고 있음에도 불구하고 그것을 거부하였기 때문에 구원받지 못한다는 것을 강조하기 위해서 나온 설명이다. 그러나 웨슬레의 선행적 은혜론은 구원에 있어서 은혜를 강조하지만, 여전히 인간의 결정 혹은 책임에 강조를 두기 때문에 하나님의 주권을 무시한다. 사실, 웨슬레의 선행적 은혜론은 청교도의 회심 신학과 상당히 유사하다. 성령의 사역으로 인하여 죄를 깨닫거나, 도덕법에 대한 지식이 있게 되며, 양심이 깨어나는 것이나 초자연적인 빛에 대한 이해들에 대한 언급은 청교도들이 중생의 역사를 설명할 때 말하는 것들이다. 물론 청교도들이 언급한 회심의 역사에서 성령께서 이렇게 역사하심으로 죄인들이 도무지 저항할 수 없도록 강력하게 역사하시는 것을 설명하는 것에 반해서, 웨슬레는 청교도들이 말하는 성령의 역사 정도까지는 언급하지 않으며, 또한 이러한 선행적 은혜가 저항할 수 있는 것이라고 말함으로써 청교도의 회심 신학과는 거리가 멀어진다. 따라서 웨슬레의 선행적 은혜론에서 강조되고 있는 것은 선행적 은혜로 인하여 모든 사람에게 인간의 자유의지를 비롯해서 예수님을 믿을 수 있는 기능들이 회복되었다는 것이다. 그러나 웨슬레의 이러한 논리는 일관성이 없어 보인다. 왜냐하면 선행적 은혜로 회복된 자유의지를 비롯한 기능들이 다시 하나님의 은혜를 거부할 수 있다면, 그것은 하나님의 은혜 자체가 부족한 것으로 결론 나거나, 아니면 그 은혜가 다시 죄를 짓도록 만드는 것으로서 스스로 모순이 되기 때문이다. 더욱이 선행적 은혜로 인하여 원죄의 죄책이 제거되었기 때문에, 누구든지 원죄로 인하여 지옥에 가지 않는다는 것은 성경적 근거가 없는 주장이다.

웨슬레의 구원의 서정에 의하면 선행적 은혜로 인하여, 책임은 인간에게 넘어간다. 왜냐하면 선행적 은혜로 인하여 이제 인간은 회개할 수 있게 되었다. 선행적 은혜로 그 영혼은 자신을 고치려는 신실한 결심을 하는데 이것을 웨슬레는 율법적 회개라고 하였다. 이때의 죄들은 내적인 죄라기 보다는 실제적인 외적인 죄들을 말한다. 웨슬레는 믿음으로 의롭게 되는 이신 칭의 앞에 율법적 회개를 두었다. 율법적 회개와 회개에 대한 열매를 믿음보다 반드시 앞서는 것으로 보았다. 이신 칭의 앞에 있는 율법적 회개는 청교도의 회심신학에 있어서 낮아짐(humiliation) 교리와 매우 유사하다. 즉 율법의 저주를 인식한 후 죄를 짓지 않으려고 애를 쓴다. 외적인 죄를 짓지 않으려고 노력하면 할수록 죄의 사슬에 매여 있는 자신을 발견한다. 결국 선행적 은혜로 인하여 가난한 심령이 되어서 하나님에게로 돌아가는 것을 회개로 이해하였다. 웨슬레는 이러한 회개를 선행적 은혜에 대한 인간의 책임이라고 생각하였다. 그리고 웨슬레는 회개에 이어서 믿음을 인간의 책임으로 두었다. 의롭게 하는 믿음의 성질에 대해서 웨슬레는 그리스도의 보혈에 대한 완전한 의지와 그의 삶과 죽음, 부활의 은덕들에 대한 신뢰라고 하였다.[59] 이러한 신뢰 혹은 믿음은 죄인을 의롭게 한다고 하였다. 의롭게 되는 것은 하나님 아버지께서 믿는 자의 과거의 모든 죄를 용서해주시는 것이라고 하였다. 웨슬레에게 있어서 이신 칭의는 죄의 용서와 하나님 아버지와의 관계의 회복이다. 또한 웨슬레에게 있어서 이신칭의에 대해서 설명할 때, 그리스도의 의가 죄인에게 전가되는 내용은 없다. 그 이유는 불의한 자들이 이신 칭의의 교리를 자신의 불의를 가리기 위한 교리로 남용할 것을 염려하였기 때문이다. 따라서 웨슬레는 이신 칭의 교리를 용서함(forgiveness)과 받아들여짐(acceptance)로만 보았으며, 이신 칭의의 근거를 그리스도의 의로운 행위의 전가가 아니라 그리스도의 속죄에 대한 믿음으로 이해하였다. 웨슬레의 이러한 이신 칭의의 이해는 죄에 대한 이해로부터 나온다. 즉 원죄는 선행적 은혜로 죄 사함을 얻었고, 자범죄는 믿음으로 말미암아 의롭게 되는 때에 용서함을 받는다. 그리고 인간의 내적인 죄, 혹은 누적된 죄의 부패성은 성화의 과정에서 씻김을 받는 것으로 이해하였다. 따라서 웨슬레는 이신 칭의를 죄책으로부터 자유라고 이해하였다. 웨슬레는 율법적 회개와 의롭게 하는 믿음이 선행적 은혜로부터 나오는 것으로 설명하였다. 선행적 은혜는 죄인으로 하여금 회개하고 믿을 수 있는 것이 가능하도록 만들고,

---

59) Outler의 웨슬레 설교전집 1:121

인간들이 은혜에 따라서 책임을 다하면 된다고 말한다. 사실, 웨슬레가 말하는 선행적 은혜는 청교도들이 주장하였던 성령의 회개케 하는 원리와 거의 똑같다. 그것은 웨슬레도 언급하였던 것처럼 영혼으로 각성하게 하는 매우 강력한 것이다. 그럼에도 불구하고 웨슬레는 선행적 은혜라고 말하면서 모든 사람이 받은 은혜라고 말한다. 모든 사람이 이 은혜를 받았다면, 율법으로 죄를 깨닫고, 각성이 일어나며, 심령이 가난하여 지고 자신의 영적 비참함으로 인해 겸손하게 되었을 것이다. 그러나 웨슬레의 논지는 모든 사람이 이러한 은혜를 받았음에도 불구하고 저항 할 수 있는 은혜이기 때문에 그리스도를 찾지 않고, 거부할 수 있다는 주장은 설득력을 잃어버리고 만다. 웨슬레가 은혜 중심으로 논거를 펴지만, 구원에 있어서 인간의 책임을 강조하기 위해 구원의 은혜의 유효성을 약화시키는 것은 잘못된 것이다. 선행적 은혜로 사람이 하나님께 응답할 책임이 있다는 주장으로 인하여 어쩔 수 없이 구원받기 위해서 하나님과 인간의 협력 (cooperation)이 불가피하게 된다. 웨슬레안들은 이 논리를 복음적 협동설 (evangelical synergism)이라고 부른다. 웨슬레안들은 세미-펠라기안주의라고 불리우는 것을 피하기 위해 이 용어를 사용한다. 그러나 결국 인간과 하나님과의 협력으로 인하여 구원에 이른다는 구조에서 벗어날 수 없게 된다. 웨슬레안들이 아무리 은혜를 강조해도 결국에 인간의 책임이 강조됨으로 구원에 있어서 하나님의 주권이 약화되고 마는 것이다. 여기서 성경의 원리를 볼 필요가 있다. 웨슬레도 언급한대로 빌립보서 2:12절은 구원에 있어서 인간의 책임을 말하는 구절이다. 그러나 빌립보서 1:6절은 구원에 있어서 하나님의 주권을 언급하고 있는 구절이다. 하나님의 주권과 인간의 책임 모두가 동시에 언급되고 있다. 그러나 하나님의 주권이 우선성을 가지고 있다. 그리고 다음에 하나님의 주권적 은혜에 대한 인간의 응답이 요구된다. 그런데 인간이 응답하고 책임을 다하려고 하지만 여전히 부족하고 무능한 자신을 발견한다. 그래서 하나님의 주권적 은혜를 의지하고 호소할 수밖에 없다. 성경에서는 구원에 있어서 하나님의 주권으로 시작하여서 인간의 응답을 요구하지만, 그 책임을 다함으로 오히려 더욱 부족한 자신을 발견하여서 더욱 하나님의 주권적 은혜에 매달리게 하는 것이다. 웨슬레는 이 원리까지 깨닫지 못하였다. 사실 이 원리는 웨슬레의 앞 시대인 청교도 시대에 강조되었던 것이다. 그런데 웨슬레는 이것을 몰랐던 것 같았다. 더욱이 웨슬레는 이신 칭의를 설명함에 있어서 그리스도의 의의 전가를 믿지 않았다. 왜냐하면 만약에 의롭게 된 자가 의도적으로 죄를 짓는다면, 그는 용서함을 잃어버리게 된다고 생각하였기 때문이다. 그래서 웨슬레에게는 의롭다 여김을 받는 의미를 우리가 계속 의로운 상태에 있게 되면, 결국 마지막에 구원 받을 것이라고 말하였다. 웨슬레의 이러한 신학적 이해는 그의 시대에 의롭다 여김을 받았으면 구원의 완성이 된 것처럼 생각하고 성화를 하나의 선택 조항으로 여기고 육신적으로 살아가는 도덕률폐기론주의와 하이퍼 칼빈주의가 크게 유행하였기 때문에 그것에 대한 반작용으로 인한 것이었다. 웨슬레가 도덕률폐기론주의와 하이퍼 칼빈주의 (웨슬레는 칼빈주의로 오해하였다)에 대항해서 개혁하려고 하였던 것은 건전한 시도였다. 그러나 웨슬레는 이러한 오류를 바로잡기 위해서 사도들의 가르침으로 가지 않았다. 단지 이성적 대응을 함으로써 결국 복음 교리와 사도들의 가르침에서 벗어나 도덕률폐기론주의와 하이퍼 칼빈주의처럼 또 다른 극단으로 가고 말았다.

의롭게 됨으로 인하여 동반되는 사건으로 웨슬레는 신생 (new birth)과 양자됨 (adoption)을 말하였다. 웨슬레에 있어서 비록 동시성을 가지고 있지만 논리의 순서상 의롭게 되는 것이 신생 혹은 중생보다 앞선다. 웨슬레는 칭의와 중생 혹은 신생을 연결하였다. 왜냐하면 어떤 이가 지금 당장 의롭다 여김을 받았는지 알 수 없기 때문에, 신생에서 그 증거를 살폈기 때문이다. 신생의 표식은 믿음, 소망, 사랑을 들고 있다. 그리고 신생의 표식 중 하나인 믿음의 효과는 죄의 지배와 힘으로부터 자유롭게 되는 것을 말하였다. 한편으로 웨슬레는 양자의 영을 받기까지 힘쓰라고 하였다. 당신이 하나님의 자녀라면 당신의 영과 함께 성령께서 분명하게 증거하기까지 가만히 있지 말라고 하였다.60) 따라서 웨슬레에게 신생은 죄의 힘으로부터 자유하는 것뿐만 아니라 믿음의 순종으로서 하나님의 계명을 열심히 지킴으로 의도적인 죄 (willful sin)를 피하는 것이라고 하였다. 웨슬레는 중생 혹은 신생을 성화의 시작으로 보았다. 웨슬레가 칭의와 신생의 증거를 살핀 것은 도덕률폐기론주의자들의 성화를 무시하고, 칭의를 받았으면 다되었다고 생각하는 그들이 잘못되었음을 지적하기 위한 강조로부터 나온 것이다. 이 부분에서 웨슬레는 구원의 믿음이 고

---

60) Outler의 웨슬레 설교전집 3:498

백에서만 있는 것이 아니라 열매에 있음을 지적하였는데, 바른 관찰이다. 그러나 웨슬레는 의롭게 된 자는 내적인 죄를 지을 뿐이며, 외적인 죄 (outward sin)를 짓지 않는다고 한다. 웨슬레의 이러한 주장은 스스로 모순이 된다. 내적인 죄가 내적인 죄로 끝나지 않고 결국 외적인 죄를 낳는 다는 것을 부정하는 것이 되기 때문이다. 웨슬레의 이러한 이해는 그의 신학에서 가장 핵심이 되는 "완전 성화"(entire sanctification) 이론을 만들어내게 되었다. 즉 칭의 이후에 내면적 죄에 대해 애통하게 되면서 완전성화를 위해 나아가는 회개를 하게 되는데 웨슬레는 칭의 이후의 이 내면적 회개가 참된 의미의 회개라고 강조한 것이다.

웨슬레가 완전성화를 강조하게 된 배경은 도덕률폐기론주의자들이 칭의로 구원을 받고, 성화는 하나의 선택 사항으로 본 것에 대한 반발에 의한 것이다. 그래서 웨슬레는 구원은 죄인이 의롭다 여김을 받는 것으로 그치지 않고 실제로 변화를 받는 것이라고 하였다. 의롭다 여김을 받았지만 심령과 삶 가운데 여전히 죄가 남아 있어서, 영혼 가운데 문둥병이 아직 깨끗하게 되지 못하였다고 웨슬레는 생각하였다. 따라서 하나님의 직접적인 역사로 보다 높은 수준으로 올라갈 수 있는 순간적인 두 번째 체험을 말하였다. 두 번째 체험이라고 말하고 있는 이유는 중생과 동시에 일어나는 체험을 초기의 성화로 보았기 때문이다. 의롭다 여김을 받은 이후 점진적으로 성화하다가 두 번째 체험을 통해서 죄로부터 완전히 구원 받는 것이다. 이것을 전적 성화 (entire sanctification) 혹은 온전한 성화 (완전 성화)라고 부른다.[61] 두 번째 체험은 즉각적인 것이다. 웨슬레는 만약에 두 번째 체험이 없다면, 죽을 때까지 완전한 죄 가운데 남아 있다고 말하였다. 두 번째 체험을 통해서 성도는 마음 속에 남아 있는 죄성으로부터 깨끗함을 받으며, 사랑과 봉사에 더욱 큰 힘을 얻어 승리하는 삶을 영위할 수 있다는 것이다. 웨슬레는 전적 성화에 대해서 다음과 같이 설명하였다.

> 모든 신자를 향하여 완전한 지경에 나가라고 힘차고 명백하게 권고하십시오. 이 일에 있어서 우리의 구음이 같기를 부탁합니다… (우리가 처음부터 주장해 온대로), 이 은혜를 인하여 우리의 마음이 하나님과 이웃을 향한 사랑으로 채워지며 모든 죄에서 구원을 받는다는 것을 여러분 모두가 동의합니다… 우리가 의롭다 함을 얻은 순간부터 은혜 안에서 성장하며, 하나님의 지식과 사랑 안에서 매일 매일 전진해 나가는 점진적 성화가 있을 것입니다. 그리고 만일 죄가 죽기 전에 그친다면 일의 성격상 순간적인 변화가 있을 수 밖에 없는 것입니다… 그러므로 신자들이 점진적인 변화로 성장한다고 말하는 사람은 누구나 순간적인 변화도 강하게 주장해야만 합니다.[62]

웨슬레는 신앙의 목적을 성결로 보았다. 그래서 두 번째 체험인 전적 성화를 통해서 교만과 자기 주장, 분노, 불신앙으로부터 완전 구원받는 것을 추구한 것이다. 웨슬레는 구원이 전적 성화에서 완성된다고 보았다. 전적 성화는 심령의 동기와 사랑에 있어서 완전함을 주어서 순수한 사랑을 가져다 주는데, 순수한 사

---

[61] 성결교에서는 성결의 체험이라고 부르며, 완전성화라는 부르기 보다는 온전한 성화라고 한다.
[62] 조종남, 요한웨슬레의 신학 (서울: 대한기독교출판사, 2005), 187-188.

랑은 죄를 몰아내고, 심령에 있는 순수한 사랑은 하나님 자녀로서의 삶을 살게 해준다고 믿었다. 웨슬레의 전적 성화 이론은 결국 신자에게 내재된 죄 (inbred)를 마치 암이나 썩은 이를 뽑듯이 제거하는 것을 설명하기 위한 것이다. 웨슬레는 이것이 가능하다고 믿었으며, 전적 성화를 통해서 죽기 전에 모든 죄에서 구원받을 수 있다고 하였다. 물론 웨슬레는 칼빈주의자들이 이것에 대해서 반대하는 것도 알고 있었으며, 칼빈주의자들이 영혼이 육을 떠날 때에야 비로서 죄를 짓지 않는다고 말하였다고 언급했다. 이러한 전적 성화 이론에서 웨슬레는 신자가 과연 어떻게 이러한 순간적 체험을 하며, 체험에 대한 객관성 확보를 어떻게 보장할 수 있는지 그에 대한 설명은 없다. 그리고 이 땅에서 신자의 삶 가운데 죄가 완전히 없어진다는 것은 성경적이지 못하다. 물론 웨슬레는 칼빈주의자들이 성화 없이 구원받는 다는 주장을 한 것으로 오해하였다. 즉 하이퍼 칼빈주의를 칼빈주의로 오해하였던 것이다. 웨슬레 직전 세기의 영국의 청교도들은 칼빈주의자들로서 얼마나 성화에 대해서 강조하였는가? 예를 들면 존 번연의 천로역정의 작품에서 3/4의 부분을 성화에 대해서 다루지 않았던가? 그리고 청교도들은 성화 없이는 구원이 없다고 강조하면서 성화가 구원의 부분 (element)으로 반드시 필요한 것을 말하지 않았던가? 물론 청교도들은 성화를 성령의 역사이면서 한편으로 인간의 책임에 있다는 것을 설명하고, 인간이 거룩하기 위한 책임을 다할수록 결국 무능과 연약함을 깨달아 더욱 은혜에 의지함으로 거룩하게 되는 원리를 말하였다. 청교도들은 성화에 있어서 인간의 책임을 강조하는 것 같지만 오히려 하나님의 주권을 높였다. 그러나 웨슬레에 있어서는 인간의 책임을 강조하고, 또한 그것이 실현 가능하다고 설명함으로 하나님의 주권이 설 자리가 없어지게 하였다. 이러한 신학의 체계는 율법주의로 돌아가게 만든다. 인간이 도달 할 수 없는 체험들을 강조하고, 그것을 체험하기 위한 여러 방법론을 제시하고 그것을 따라 하게 함으로 굴레에 매이게 만든다. 또한 객관성이 결여된 체험을 추구하는 것은 결국 흥분주의와 감정주의를 낳을 수 밖에 없다. 실제로 웨슬레의 전적 성화이론은 19세기의 성결운동과 20세기 초에 일어난 오순절 운동의 신학적 뿌리를 제공하여 주는데, 이러한 운동에서 문제점은 그 체험에 있어서 성경적 객관성 확보가 어렵다는 것이다.

칼빈주의에 대한 웨슬레의 또 하나의 오해는 예정론이다. 웨슬레는 이 부분에서도, 도덕률폐기론주의자들과 하이퍼 칼빈주의자들의 예정론을 칼빈주의로 착각하였다. 그래서 웨슬레는 예정론이 사람들로 하여금 전도하는 것에 가장 큰 걸림돌로 보았다. 선택된 백성과 유기된 백성이 결정이 되었다면, 전도가 무슨 필요가 있겠느냐? 라는 방식으로 생각하였다. 그래서 웨슬레는 칼빈주의를 혐오하였다. 오늘날에도 칼빈주의의 예정론을 웨슬레와 똑같이 이해하는 자들이 매우 많다. 웨슬레는 진정한 칼빈주의 혹은 개혁신학의 예정론을 몰랐다. 만약에 웨슬레가 청교도들의 예정론에 대한 작품을 읽었더라면, 그렇게 과도한 반응을 보이지 않았을 것이다. 따라서 개혁신학자들이 어떻게 예정론을 성경적으로 이해하였는지 살펴볼 필요가 있다. 하이퍼 칼빈주의자들은 마치 인간이 하나님의 예정을 아는 것처럼 교만한 태도를 가졌다. 그러나 하나님의 예정에 대한 지식은 우리 인간이 알 수 없는 하나님에게 속한 것이다(신 29:29). 다만 효과와 결과가 나타나야만 알 수 있다. 더욱이 우리는 누가 버림을 받은 유기된 자인지 마지막 타락과 배교 및 성령 훼방 죄가 나타나기 전까지는 알 수 없다. 그래서 우리는 주께서 복음을 전하라는 명령을 순종하여 전하여야 하는 것이다. 주께서 우리의 복음 전하는 것을 수단으로 해서 자신이 선택한 백성을 건지시기 때문에 우리는 누구에게나 복음을 전하여야 하는 것이다. 따라서 하나님의 주권과 예정, 그리고 복음 전도는 서로 모순되거나 충돌되는 것이 아니다. 한편으로 웨슬레는 예정 교리로 인하여 사람들이 성화에 힘쓰지 않는 것으로 보았다. 물론 도덕률폐기론주의자들과 하이퍼 칼빈주의자들은 예정론에 근거해서 성화를 선택 사양으로 보았다. 웨슬레는 그들을 칼빈주의자로 착각한 것이다. 개혁신학에 있어서 예정과 성화는 분리할 수 없는 교리들이다. 에베소서 1:4, 5절을 보면 하나님께서 예정하신 목표가 있다. 그것은 거룩함이다. 따라서 본인이 예정된 백성임을 확인하기 원한다면 거룩함, 즉 성화가 있어야 한다. 그런데 하이퍼 칼빈주의자들은 성화 없이 예정을 말하면서 육신적으로 살아갔던 것이다. 즉 개혁신학에서 예정론은 성화와 직접 연관을 가지고 있기 때문에 절대로 육신적으로 살아가면서 자신의 구원을 확신 할 수 없는 것이다.

18. 찰스 피니의 (Charles Finney) 부흥주의 (Revivalism)

■ ■ ■

조나단 에드워즈와 청교도 신학에 영향을 받은 장로교 목회자 제임스 맥그레디 (James McGready) 가 미국의 버지니아 지방에서 부흥을 체험한 후 1796년 영적으로 매우 심각한 켄터키 (Kentucky) 지방으로 이주하였다. 맥그레디는 서부 개척의 외방 지역인 켄터키 지방의 회중들을 영적으로 각성시키려는 노력을 기울였다. 결국 그의 사역 가운데 1800년 부흥을 맞이하게 된다. 그리고 이 부흥은 1801년 까지 계속되었다. 그러나 1801년 8월에 카인릿지 (Cain Ridge) 에서 모인 집회에서부터 이상한 현상이 나타나기 시작하였다. 설교자가 설교하는 가운데 사람들이 쓰러지는 현상과 (falling down), 고개를 쉴새 없이 끄덕이는 현상과 (jerking), 개 같이 짖는 현상 (barking), 그리고 웃는 것과 (laughing) 달리거나 춤추는 (running and dancing) 현상이 일어났다. 이러한 현상은 켄터키 지방의 개스퍼 강 (Gasper River) 집회에서도 계속되었다. 이러한 집회에 침례교, 장로교, 감리교 목회자들과 그들의 회중이 함께 참석하였는데 이러한 현상에 대해서 장로교 목회자들과 침례교 목회자들 사이에는 하나님의 역사라고 지지하는 자들과[63] 이것은 교리적으로도 오류가 분명한 열광주의라고 반대하는 자들로 나누어지게 되었다.[64] 그러나 감리교 목회자들에게는 이것이 이상한 일이 아니고[65] 이러한 육체적으로 나타나는 현상을 영적 체험이라고 생각하여 이것을 문제 삼지 않았다.[66] 차라리 감리교 설교자들은 이것을 환영하였으며[67] 그들은 이러한 집회를 계속하여 나갔다. 여기서 우리는 이러한 신학적 태도를 부흥주의(Revivalism)라고 부른다.[68] 이러한 부흥주의는 결국 하나님이 주시는 부흥이 아니라 인간이 만들어 낼 수 있는 부흥이라는 명제를 만들어 내었고 더욱이 알미니안주의와 도덕률폐기론이 그것에 가담하여 신학적으로 뒷받침하고 새로운 스타일의 설교 테크닉이 도입되게 되었다.[69]

---

63) 장로교 목회자로서는 William Hodge, John Rankin과 Wlliam McGee 이며 이들은 켄터키 대회앞에서 자신들은 알미니안주의자들이라고 말하였다. E. H. Gillett, *History of the Presbyterian Chuch in the U.S.A.* Vol. 2. (Presbyterian Publication Committee 1864) p 174, 179.
64) Iain Murray, Revival and Revivalism (Banner of the Truth Trust 1994) p.182.
65) Catharine C. Cleveland, *The Great Revival in the West 1797-1805* (Peter Smith 1959) p. 88.
66) Baptist Denomination in America, Vol. 2. p. 252; Iain Murray, Revival and Revivalism (Banner of the Truth Trust 1994) p 183 에서 인용.
67) E. H. Gillett, *History of the Presbyterian Church in the U.S.A.* Vol. 2 (Presbyterian Publication Committee 1864) p. 169.
68) John Opie, "James McGready" Church History (December 1965) p. 447.
69) Presbyterian Church in Kentucky, p. 166;. Iain Murray, Revival and Revivalism (Banner of the Truth Trust 1994) p. 189 에서 인용.

1827년에 이르러서 장로교의 찰스 피니가 위에서 언급한 카인 릿지 (Cain Ridge, 1801년 8월) 이후 사용된 새로운 방법들 (New Measures) 을 도입하였다. 새로운 방법이라고 부르는 방법들과 테크닉들은 개인들에게 직접적이며 공개적인 압력을 가하는 것들로서 때때로 사람들의 이름을 부르거나, 즉각적인 결정을 하여 회심하라고 요구하거나, 죄에 대해 슬퍼하는 좌석을 (the anxious seat) 따로 만들어 그곳에 앉기를 격려한다거나, 여자들을 그룹 속에 넣어 날카로운 목소리로 기도하게 한다거나, 질책을 일으킬 수 있는 사람의 고안된 방법들을 가능한 한 다 동원하여 집회를 여는 것이다. 피니는 부흥이 하나님의 간섭에 의해서 일어나는 것이 아니라 적절한 방법들을 사용함으로 일어날 수 있다고 주장하였다. 피니는 부흥에 있어서 가장 중요한 요소를 죄의 자각과 회개로 보았다. 그런데 피니는 죄의 자각을 다음과 같이 설명하였다. "죄인이 어떻게 죄를 자각하게 되는가? 자신들의 죄를 생각함으로써이다. 그것은 또한 그리스도인이 깊은 느낌을 얻는 방법이기도 하다."70) 피니는 죄의 자각을 목표로 두고 깊이 생각할 때 죄의 자각이 일어난다고 주장하였다. 피니에 있어서 죄의 자각은 성령께서 죄인의 심령을 깊이 책망하심으로써 일어나는 것이 아니라 자신의 죄들을 생각함으로써 일어나는 것으로 이해하였다. 이러한 피니의 신학은 회개의 방법에서도 나타난다. 자신 스스로가 심령을 바꾸는 노력과 결심을 하라고 촉구한다. 이렇게 죄의 자각을 위해 애쓰고, 그 다음에 "뉘우치고, 회개하고 개혁의

---

70) 찰스 피니, 부흥론, 김원주 역, (서울: 생명의말씀사, 1998), p. 119.

과정을 통해서 죄인들의 구원이 뒤따른다고 하였다."[71] 피니는 이러한 주장을 하면서 중생이 100퍼센트 하나님의 주권적인 역사라는 것을 반대한다. 하나님께서 새로운 마음을 갖게 해주시기를 기다리는 것은 어리석은 일이라고 주장한다.[72] 피니는 이러한 각성과 회개가 일어나는 부흥을 위해서 새로운 방법의 사용이 반드시 필요한 것이라고 하였다. 그 방법 가운데, 부흥회를 강조하였다. 피니가 강조한 부흥회는 사람들의 감정을 움직이는 수단이었다. 그는 감정적인 부흥회의 필요성에 대해서 다음과 같이 주장하였다:

"새로운 수단이나 제도 없이 교회는 세상 사람들의 관심을 영적인데로 결코 끌 수 없을 것이다. 관심을 불러일으키는 현란한 사물들이 너무도 많으므로 교회가 흥분을 일으키는 설교나 신선한 수단들을 사용하지 않고서는 회중으로 하여금 귀를 기울이게 할 수 없다. 정치인들, 무신론자들, 이교도들, 돈 벌이가 잘되는 일, 여가와 사치에 대한 관심, 그리고 그 밖의 무수한 유혹거리들은 사람들의 마음을 성소와 하나님의 제단에서 떠나게 만든다. 따라서 우리들은 이런 도전에 맞서서, 지혜와 경건에 자라가야 하며 그리스도의 복음에 관심을 기울이게 하기 위해서 고안한 방책 혹은 수단을 채택해야 한다. … 우리는 새로운 수단과 전략을 가져야 한다. 하나님께서 교회로 하여금 하나님을 예배하는 진부하고 외형적인 방식에 빠지지 않도록 해주시기를 기원한다. 우리 시대의 특성을 충족시키기 위해서 훨씬 더 흥분을 일으키는 설교가 필요한 것은 분명하다. … 시대의 특성은 변해왔는데,

---

71) 전게서 p. 20.
72) 전게서 p. 239.

목사들은 그것에 맞추어 적응해 오지 못한 것이다. 그들은 우리들의 조부모들한테나 적합한 딱딱하고 메마른 설교 방식을 그대로 사용했다… 이런 변화들 가운데서 일을 수행하는데 오래되고 또한 틀에 박힌 방법을 추구한다는 말을 듣는가? 그와 같은 설교를 통해서 세상사람들을 회개시키는 것은 마치 흐르는 강물을 거슬러 흐르도록 하려는 것과 다름없다…. 사람들은 이제 딱딱한 설교에는 싫증을 느끼고 있다… 목사들이 영적 각성들을 일으키는 새로운 전략, 수단을 도입하는 것은 정당한 일이요 마땅히 해야 할 의무이다."73)

피니의 부흥 방법론은 적절한 방법으로 죄의 각성이 일어날 수 있으며, 인간의 의지로 회개할 수 있다는 신학에 기초를 두고 있다. 따라서 그의 부흥론은 이러한 죄의 각성과 회개가 일어나도록 감정을 부추기는 설교와 테크닉 혹은 방법을 사용할 것을 주장하는 것이다. 이러한 새로운 방식의 도입을 반대하는 목회자들은 시대 감각도 없는 구식의 목회자라고 비난하였다. 이러한 피니의 부흥 방법론은 매우 심각한 신학적 오류를 가지고 있다. 왜냐하면, 첫째로, 그의 회심신학이 문제가 있다. 찰스 피니는 사람들이 자신들의 마음을 변화시킬 수 있는 자연적인 능력을 강조한다. 그래서 하나님께서 우리를 거듭나게 하실 때까지 기다리지 말고 내 의지로 그리스도인이 되라는 것이다. 그러면 그때 성령께서는 죄인들을 죄로 질책하기 보다는 죄인들을 설득하여 바른 선택을 하도록 한다는 것이다. 물론 찰스 피니는 인간의 전적부패를 믿지 않고 인간의 능력으로 자신을 구원할 수 있다고 주장

---

73) 전게서 pp. 324-328.

하면서 그 신학적 구호를 "부패해서 안된다" 가 아니라 "할 수 있다" 로 만들어 외친다.74) 그래서 회심에 있어 자발적인 것이 (willing) 필수적이며 인간은 전적으로 타락하지 않았기 때문에 자연적인 능력으로 하나님에게 완전하게 순종할 수 있다고 주장한다. 그래서 회심을 자발적이며 의도적인 마음의 변화로 말한다.75) 결국 찰스 피니에게 있어서는 중생과 회심이 같다. 왜냐하면 찰스 피니에 있어서 중생은 수동적이 아니라 사람의 능동성을 강조하기 때문이다. 그러나 개혁신학과 청교도 신학에서는 중생은 하나님의 은밀한 사역으로 수동적이고 회심은 그 하나님의 역사에 대한 인간의 응답과 순종으로 능동성을 말한다.76) 찰스 피니는 하나님께서 죄인이 회심하도록 위해 미리 준비하시는 것은 없고 사람이 결정한 후 일하시는 것으로 생각한다. 찰스 피니의 이러한 신학은 뉴 잉글랜드 신학의 (New England Theology) 마지막 단계인 뉴해븐 신학 (New Haven Theology) 과 나다니엘 테일러 (Nathaniel Taylor) 의 영향을 받아서 칼빈주의 신학을 포기한 결과로부터 온 것이다.

둘째로, 찰스 피니는 자신의 이러한 새로운 측정이란 방법론의 결과로 오히려 더 많은 사람들이 영적침체로 빠지는 것을 보고 딜레마에 빠져 고민하게 된다. 이러한 자기 모순으로부터 빠져

---

74) John Opie, *Finney's failure of nerve: The untimely demise of Evangelical Theology* Journal of Presbyterian History 51:155-173.
75) 찰스피니의 유명한 설교 "Sinner Bound to Change Their Own Hearts" 참조.
76) 청교도신학자 스테판 찰녹 (Stephen Charnock) 저작 전집 3권 88-89페이지.

나오기 위해 완전주의 (Perfectionism)를 따라간다. 즉 사람들이 회심을 하였다고 하지만 여전히 죄 가운데 있는 회심자들을 보면서 그들로 죄로부터 자유케 하는 경험인 두 번째 체험을 하라고 권면한다. 완전성화의 이론을 따르면서, 성결의 체험을 위한 집회를 주장하게 되었다. 찰스 피니의 이러한 잘못된 신학에 대해서 그 당시 참된 부흥을 (genuine revival) 추구하고 있는 많은 신학자들이 그를 타일러도 보고 경고도 하였지만 그는 듣지 않았다.

이러한 피니의 신학과 부흥회에 대해서 프린스톤 신학교 초대 교장인 아치발드 알렉산더 (Alexander Archibald)는 다음과 같이 평가하였다. "교회가 이러한 일시적인 흥분을 더 좋아하게 되는 상태에 빠지는 수가 있음이 틀림이 없습니다. 그러한 상태는 너무나 흔히 비탄할 만한 하향 상태와 은혜롭지 못한 냉담과 비능동성 다음에 따라 오는 수도 있습니다… 참된 부흥이 진리와 정통과 짝하듯이, 거짓된 흥분은 오류와 편당을 조성하는데 가장 효과적인 수단이 되는 것입니다… 흥분을 크게 일으키며, 감정의 동요를 강하게 일으키는 모든 방편과 척도를 피해야 합니다. 왜냐하면 [신앙]이란 이러한 과격한 감정들로 이루어지는 것도 아니고, 그러한 과격한 감정들로 [신앙]이 촉진되는 것이 아니기 때문입니다. 그러한 흥분과 감정의 동요가 가라앉게 되면 죽음의 곤고한 상태가 따라올 것이 분명합니다. 신앙적인 인상을 주는 은혜를 받았다고 하는 사람들에게 공중의 시선이 너무 많이 쏠리게 해서는 안되는 것입니다. 강한 흥분이 거만과 헛된 영광이 일어나는 것을 방지하지 못한다는 것도 망각해서는 안됩니다… 저는 그러한 사람들을 어떤 특별한 좌석에 앉혀 놓고 많은 사람들로 보게 하기 보다는 그들이 앉은 좌석에서 자연스럽게 간절한 강론을 하고 가르치는 편을 택하겠습니다…. 하나님께 드리는 예배의 엄숙함을 깎아내는 경향이 있는 척도들이나 하나님을 향한 우리들의 경외심과 하나님께 속한 일들에 관해 존중하는 것을 약화시키는 경향이 있는 척도들은 그 어떤 것이든지 분명히 잘못된 것이 틀림 없습니다."77) 프린스톤 신학교의 교회사와 교회정치 교수였던 사무엘 밀러 (Samuel Miller)는 찰스 피니의 새로운 방법들이 피상적인 교인들을 만들어내며, 결국에는 교회의 경건의 능력을 해 할 것이라고 경고하였다. "저는 지금 말씀드리고 있는 류의 방식, 곧 사람들을 즉흥적으로 끌어드리는 양태를 아주 강하게 실행한 교회들을 많이 알고 있습니다. 저는 권장할 만한 결과를 하나도 보지 못하였음을 말씀드리지 않을 수 없습니다. 많은 수의 사람들이 교회로 몰려 온 일은 그 당시의 종교 간행물에 매우 큰 활기를 불러 일으켰습니다. 그러나 1, 2년이 지난 후에 그들 중의 대부분이 그 교회를 떠나버리고 말았습니다." 78) 사무엘 밀러는 계속해서 찰스 피니가 강조하였던 소위 "새로운 방식"에 대해서도 교회사적으로 평가하였다.

> "많은 사람들에게 '새 관점'으로 생각되는 것을 조사해보면 오래 전 드러난 실수의 재현에 불과함을 발견하게 됩니다. 그와 같이 실제적인 무질서 방면에서도 많은 사람들에게 고상하다는 매력을 가진 것

---

77) 윌리엄 스프레이그, 참된 영적 부흥, 서문강 역 (서울: 엠마오, 1990), pp. 283-287.
78) 전게서 pp. 333-334.

또한 알고 보면 한 자리에 모인 대중들의 느낌을 갑작스럽고 강하게 일으켰던 어떤 이전의 방식을 반복한 것에 불과합니다… 사실 참된 종교가 어느 시대에나 같은 모습을 띠고 있듯이, 거짓된 종교도 언제나 같은 모습을 띠는 것입니다. 또한 인간 본성도 같습니다. 열광주의와 미신과 광신주의의 이상한 조짐과 결과들은 본질적으로 동일합니다. 그러나 고대에서 오늘날에 유행하는 비정상과 유사함을 발견한다고 해서 놀랄 필요가 없습니다. 많은 사람들이 덩어리가 되어 흥분할 때마다 특히 이 흥분이 무지하고 사려 깊지 못한 양상 속에서 길리움을 받은 사람들의 마음을 사로 잡을 때는 새로운 세계로 이끌림을 받을 때와 같이 그들은 어떤 새롭고 대담한 척도가 받아들여져야 함을 당연한 일로 생각하는 경향이 있습니다. 인간 본성만큼이나 오래되었으나 그들에게는 새로운 것으로 보입니다…. 그래서 대중의 관심을 사로잡아 대중의 생각에 깊은 인상을 심어주기 위한 신기한 방안이라는 무절제한 사랑, 과격하고 사랑이 없는 고발, 모든 세대에 젊고 경험이 없는 목사들이 새롭게 하는 방편들을 시작하고 추구하는 일에 가장 주도적이고 고집 센 자세를 지니고 지도한다는 주목할 만한 사실, 교회의 기존 질서를 과소 평가하는 경향, 거룩한 성직의 기능들을 박탈하려는 경향, 자극적이고 열광주의적인 인상들을 마음에 남기려는 경향, 여자들로 공기도회에서 주도적인 위치를 차지하라고 권장하는 일, 죄를 뉘우치는 사람들에게 자기의 개인적인 죄를 공중 앞에서 고백하는 것이 죄 사함과 영적 부요에 불가분해적인 것이라고 주장하는 일 등- 이 모든 것들은 수세기 전에 신앙의 부흥을 손상시킨 인간 부패의 몇 가지 열매들입니다. 그리고 그러한 것들은 몇 년마다 나타났으며, 같은 유사한 맥락 속에서 끊임없이 반복되어 왔습니다."[79]

---

79) 전게서 p. 335.

뉴저지 대학의 학장인 애쉬벨 그린 역시 찰스 피니의 잘못된 신학과 부흥 방법론에 대해서 그 오류를 지적하였다. 미국의 제1차 영적 대각성 당시 강조되었던 교리들인, 중생, 회심, 성령의 감동에 달려 있다는 교리, 이신칭의의 교리가 강조된 반면에 찰스 피니는 이러한 교리들을 부인하고 무너트리고 있다고 하였다.80) 한편으로 애쉬벨 그린은 피니의 회심신학이 너무 피상적이어서 교회의 경건을 무너트릴 수 밖에 없음을 경고하였다. 에드워드 그리핀 (Edward Griffin) 도 경고하기를 "찰스 피니의 회심신학은 자신들의 결정을 (decision) 회심으로 보기 때문에, 이렇게 결심한 자들로 더욱 자신들을 믿는 것으로 빠지게 할 것이며 또 사람들로 하여금 교만하도록 부추기기 때문에 결국에는 뒤틀어진 종교를 만들어 낼 것이다" 고 말하였다. 이러한 경고에도 불구하고 오히려 아담의 죄의 전가와 그리스도의 의의 전가를 부정하는 알버트 반즈 (Albert Barnes, 반즈노트 저자로 알려져 있음), 리만 비처 (Lyman Beecher) 와 같은 신학자들이 찰스 피니의 신학을 옹호 함으로써 부흥주의는 미국 장로교에 자리를 잡게 되었다. 하지만 이것의 신학적 오류와 실천적으로 교회에 영적 폐해를 심각하게 미칠 것을 염려하는 자들과 찰스 피니를 옹호하는 자들과 1831년부터 논쟁과 대립이 시작되었다. 그러나 결국 미 장로교는 1837년 피니를 옹호하면서 실천적 펠라기우스주의를 (Practical Pelagianism) 견지 하는 신학파와 (New School) 칼빈주의 신학을 그대로 견지하는 구학파 (Old School) 로 나누어 지게 되었다.

80) 전게서 p 477, 479.

찰스 피니의 부흥주의가 (Revivalism) 현대의 복음주의에 (Evangelicalism) 직접 결정적으로 영향을 주는 것은 (전도) 집회가운데 제단 앞으로 불러내어서 어떤 결정을 요구하고 결정한 자들에게는 그 초청자가 구원을 선포하는 의식 (Altar Calling) 을 제공하여 준 것이다. 예를 들면 빌리 그래함의 경우 찰스 피니의 방법론을 그대로 이어 받았다. 더욱이 오늘날 복음주의 교회들 가운데 찰스 피니가 그러했던 것처럼 정적으로 고조시키는 여러 가지 방법들이 더욱 개발되어 과도하게 감정적인 복음송을 부르거나 여러 가지 도구들을 사용해서 일시적 체험을 유발시키고 또 결정을 (decision) 유도 하려는 것들이 다 이러한 범주에 속한다. 이것은 찰스 핫지가 (Charles Hodge) 지적한 것처럼 환상주의 (Fanaticism) 로 신학적으로나 실천적으로 교회의 경건을 무너트리는 것이다.

19. 완전주의(Perfectionism)와 성결운동 (Holiness Movement)

■ ■ ■

    1839년 7월 미국의 보스톤에서 새로운 잡지가 출판되었다. 뉴잉글랜드 감리교 목사인 티모디 메리트 (Timothy Merritt)가 발행인 겸 편집인으로 "그리스도인의 완전을 위한 지침" (Guide to Christian Perfection)을 발행하였다. 그는 창간호에서 "교회의 성결의 역사를 되살리기 위해 무엇을 해야 하는가?" 라는 제목으로 잡지의 목적을 밝혔다. 그의 목적은 1760년과 1762년 뉴잉글랜드에서 일어난 완전성화 (entire sanctification)의 체험이 강조된 부흥들이 다시 일어나기를 기대하였던 것이다. 메리트는 웨슬레가 주장한 두 번째의 완전 성화의 체험이 회심의 체험처럼 크게 일어나기를 소망하였던 것이다. 이 잡지는 그리스도인의 완전 체험에 대한 관심을 감리교 안에서 다시 일으켰다. 1837년 2월 22일 "시온의 사자" (Zion's Herald)는 감리교의 목회자들과 평신도들이 모여서 완전 성화에 대한 주제를 다루었으며, 성결부흥운동의 필요성과 중요성에 대해서 확신하게 되었다고 보고하였다. 한편으로 메리트가 발행하는 잡지는 그리스도인의 완전의 체험의 간증들을 실어서 출판함으로 완전 성화와 성결부흥운동에 대한 관심을 더욱 크게 확장시키는 수단이 되었다.

성결부흥운동을 증진시키기 위해서 강조되었던 가르침은 웨슬레의 완전 성화론과 그것의 체험이었다. 회심에 이어서 두 번째 축복인 완전 성화의 체험을 함으로써 자기 자신을 완전하게 하나님께 구별하여 드리며, 의도적인 죄를 짓게 하는 내적 기질로부터 자유하고, 신적인 사랑으로 가득하게 되는 것을 가르쳤다. 이렇게 두 번째 체험을 함으로써 의도적 혹은 의식적으로 죄를 짓지 않으며, 하나님을 사랑하는 마음이 나뉘어지지 않고 지속하게 된다고 강조하였다.

웨슬레안 완전주의자들은 죄인들이 전도자의 호소에 응답하는 것은 의롭다 여김을 받는 것 혹은 회심한 것이라고 믿었다. 그러나 이것으로는 부족하기 때문에 두 번째 축복의 체험을 강조한 것이었다.[81] 웨슬레안 완전주의자들은 회심을 통해서는 단지 형식적인 (formal) 그리스도인에 불과하기 때문에, 두 번째 축복의 체험을 통해서 완전한 그리스도인이 되어야 한다는 것이다.

이러한 웨슬레안 완전주의는 미국 장로교의 신학파 (New

---

81) Melvin Easterday Dieter, *The Holiness Revival of the Nineteenth Century* (Lanham: The Scarecrow Press, 1996), p. 16.

School)신학과 만났다. 찰스 피니는 웨슬레의 완전주의에 동의하였다. 왜냐하면 피니는 죄인이 스스로의 의지로 복음에 응답할 수 있다고 믿었으며, 보다 높은 체험의 경험을 획득할 수 있는 가능성에 대해서 매료되었기 때문이다. 웨슬레안 완전주의는 그에게 더욱 흥분되는 신학이었다. 그런데 피니는 오하이오주에 새롭게 설립된 회중교회의 학교인 오벌린 대학의 교수로 부임하면서, 1840년 완전성화에 대한 논거를 출판하였다. 피니는 1840년대 이후 더욱 칼빈주의를 공격하면서 "보다 높은 수준의 그리스도인의 삶"(Higher Christian Life)교리를 지지하였다. 오벌린 대학에서 피니는 학장이었던 아사 마한(Asa Mahan)과 함께 두 번째 체험의 중요성에 대해서 강조하였다. 회심은 시작의 체험에 불과하고, 두 번째 체험이야 말로 극적인 체험이라고 주장하였다(두 번째 체험은 성령세례라고도 불리웠다). 따라서 오벌린 출신의 전도자들로 완전주의 부흥은 더욱 확장되었다. 완전주의는 조나단 에드워즈 이래로 내려오던 부흥의 원리를 완전주의 부흥운동으로 대체해 버리고 말았다. 조나단 에드워즈와 장로교 목회자들이 추구했던 부흥의 원리는 형식적인 그리스도인을 깨우치기 위해 중생, 이신칭의, 성화 등 구원의 도에 관련된 교리들을 가르치다가 형식적인 그리스도인들이 진정한 구원의 은혜의 체험을 하고, 이러한 각성의 역사가 크게 일어남으로 부흥을 만난 것인 반면에, 웨슬레안 완전주의에서 추구하는 부흥주의는 보통의 그리스도인들(normal Chritians)로 두 번째 영적인 체험을 하게 해서 새로운 비전을 열어주는 것이었다.[82]

---

82) 전게서 p. 19.

웨슬레안 완전주의는 부흥회와 같은 집회로 발전되었다. 1835년 뉴욕 시에서 감리교 평신도인 사라 워랄 랭크포드(Sara Worrall Lankford)가 제 2의 체험을 (지난 40년 동안 어떤 즐거운 감정도 없다가 하나님 안에 안주하기로 결심하게 된 체험이다)하고 그러한 체험을 기도회를 통해서 간증함으로 자연스럽게 집회가 이루어지게 되었다. 그 집회는 "성결의 증진을 위한 화요모임"(Tuesday Meetings for the Promotion of Holiness)이었다. 이 집회에 랭크포드의 자매인 뵈베 워랄 팔머(Phoebe Worrall Palmer)가 참여하게 되고, 자신의 체험에 대해서 3가지 측면을 강조하였다. 그것은 1) 온전한 헌신, 2) 믿음, 3) 고백이다. 이로 인하여 성결부흥운동은 새로운 측면을 맞게 되었다. 팔머의 이러한 강조는 제단 신학(Altar Theology)이라고 불리었다. 두 번째 체험을 통해서 자신을 온전히 그리스도에게 드림으로 죄에서 해방되라는 것이었다. 팔머의 화요 집회와 완전성화에 대한 가르침 (완전 성화에 대해서 책을 저술하였다)은 감리교에서 1870년대에 이르기까지 영향을 미쳤다. 성결부흥 운동은 미국 전역으로 확산되었는데, 성화에 대한 개인의 체험과 간증들을 모아서 회람하였고, 공적인 예배에서 개인의 체험을 간증하는 일들이 유행하게 되었다.

성결부흥운동에 있어서 또 하나의 빼 놓을 수 없는 인물이 있다. 윌리엄 보어드만(William .E. Boardman)이다. 그는 1859년 "높은 수준의 그리스도인의 삶"(The Higher Christian Life)이라는 책을 출판하였다. 지금까지 성결부흥운동은 감리교 중심으로 되어 왔는데, 이 책으로 말미암아 감리교 바깥의 교회들이 완전주의와 성결부흥운동을 받아들이게 된다.[83] 보어드만은 장로교인으로서 일찍이 피니와 마한의 작품들을 읽음으로써 오벌린 완전주의에 접촉되어 있었다. 따라서 보어드만은 웨슬레안 성결운동의 주요한 부분을 차지한다. 그는 팔머의 화요 집회에 자주 참석하였으며, 한때 "성결 총회 연합회"(Union Holiness Conventions)의 지도자이기도 하였다.

보어드만은 (Boardman) 요한 웨슬레 (John Wesley)의 성화의 가르침에 근거하여 칭의와 성화의 뚜렷한 구별로부터 출발하였다. 그는 칭의를 믿음으로 하나님으로부터 허락 받아지는 과정이요 성화는 행위로 성결함 속에서의 진전을 위한 것이라고 말하였다. 보어드만은 칭의와 성화는 구별되는 두 개의 다른 경험이라고 말하면서 칭의는 첫 번째 회심이요 성화는 두 번째 회심이라고 하였다. 그가 이렇게 구별하는 가장 큰 이유는 경험이 각각 다르기 때문이라고 말하였다. 또한 그는 두 번째 경험인 완전 성화의 경험은 보다 높은 단계이며 깊은 은혜의 사역이며 보다 어려운 것이라고 말하였다. 보어드만은 계속해서 설명하기를 믿음으로 그리스도를 받아들이는 것은 성화를 위한 것이며 우리가 능력을 받아야만 성화를 확실히 할 수 있다고 말하였다. 따라서 죄를 인식하는 것으로부터 자유로운 상태에 이르는 것이 목표이며 이것은 보다 높은 수준의 실제적 성결을 이룬 상태를 말하는 것이다. 이것을 완전주의라고 부르는 것이다.[84] 이것을 표로 그려보면 다

---

[83] 전게서. P. 49.

음과 같다.[85]

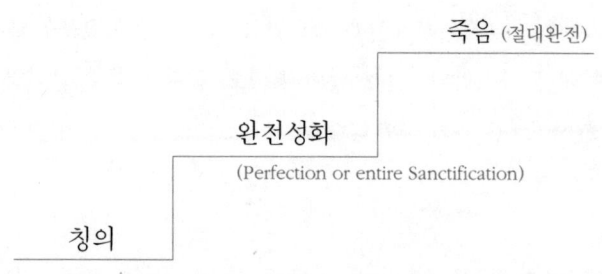

1860년대 이후의 성결부흥운동은 얼 (A. B. Earle)과 피어살 스미스 (Pearsall Smiths)에게 이어졌으며, 1867년 National Holiness Association 가 조직되었고, 존 인스킵 (John Inskip)의 지도력 아래에서 천막 집회 (Camp Meeting) 를 통하여 성결운동으로 확산되었다.[86] 성결운동은 케직 사경회 운동으로 발전이 되었으며,[87] 19세기 후반의 전도-부흥 운동에 결정적인 영향을 미쳤다.

완전주의와 성결부흥운동이 추구하는 바는 사실 비판 할 것이 없을 것이다. 보다 나은 성결의 삶을 위해 혹은 완전한 사람을 위

---

84) Benjamin B. Warfield, *Studies in Perfectionism* (P&R 1958) pp. 216-311.
85) Norman Kraus ed., *Evangelicalism and Anabaptism* (Herald Press 1979) p. 47.
86) Timothy Smith, *Revival and Social Reform* (Nashville: Abingdon Press, 1957), p. 139.
87) 케직 사경회에서 강조되었던 교리는 웨슬레안 완전주의 개념인 "내재하는 죄의 근절"을 부인하고, 정결 대신에 능력으로 덧입는 것 (empowerment)과 혹은 인침 (sealing) 이란 용어를 사용하였다(양재철, 한국오순절 교회의 신앙과 신학 p. 85참조).

해 보다 확실하고 분명한 영적 체험을 추구하는 것을 누가 나무랄 수 있겠는가? 그러나 영적인 체험을 추구하는 것에 있어서 피상적이며 혹은 주관적이라면 문제가 되는 것이다. 완전주의와 성결부흥 운동은 바로 이점에서 문제를 안고 있다. 그것은 신학적인 원인에서부터 오는 것이다. 이러한 완전주의의 신학적 오류에 대해서 경고하고 그 위험성을 드러낸 신학자는 프린스톤 신학교 교수이었던 벤자민 워필드를 들 수 있다. 워필드는 웨슬레의 신학을 비판하기 보다는 찰스 피니와 아사 마한의 오벌린 신학을 비판하기 위한 신학적 논거의 글을 썼다. 워필드는 오벌린 신학의 완전주의를 "환상주의의 엔진을 단 신 신학 (New Divinity)의 펠라기우스주의 신학이다" 라고 평가하였다.88)

찰스 피니의 신학은 나다니엘 테일러의 신학에 영향을 받아서 인간의 의지의 능력을 강조하기 때문이다. 또한 워필드는 이러한 펠라기우스 신학에다가, 어떤 완전해 질 수 있는 체험을 구하는 것이기 때문에 환상주의의 엔진을 달았다고 평가한 것이다. 사실 완전주의와 성결부흥운동에서 주장하는 두 번째 체험은 지극히 피상적인 체험들이다. 그 체험들을 간증할 때, 죄의 깊은 각성 같은 것을 언급하지 않는다. 성령의 진정한 역사라면 이러한 것들이 서술되어야 하는데, 단지 안식에 거하기로 하였다. 혹은 하나님께 자신을 드리기로 결심하였다라는 정도이다. 그리고 그 체험에 있어서 성경적으로 분석하기 보다는 사람들의 일련의 체험을 모아서, 다른 사람에게도 그러한 체험이 있도록 요구한다. 그것

---

88) Warfield 전같서 p. 34.

이 진정한 성경적 체험이라면 성경을 설명하여야 하는데, 사람의 개인적 체험을 모범으로 제시하였다. 실제적으로 아사 마한은 그러한 체험을 편집해서 모은 것을 출판하였다. 그리고 실제적으로 성결부흥운동이 발전 될 때 개인의 체험을 공개적으로 간증하게 하였는데, 이것은 성경적 체험을 강조한 것이 아니라 개인의 주관적 체험을 주장하는 것으로 오히려 교회에 덕을 세우지 못하게 된다. 왜냐하면 개인의 체험을 극적으로 묘사할 때 과장이 있을 수 있으며, 그렇게 신앙 체험을 공개적으로 발표한 자가 교회를 떠나거나 스캔들을 일으켰을 때 교회는 외부로부터의 비난을 피할 수 없기 때문이다.

피상적 체험을 강조함으로써 그러한 체험을 하기 위해 이미 마련된 방법을 따라 하는 것은 환상주의와 신비주의를 조장시키는 것이다. 성화의 체험에 대해서 어떤 객관적 근거를 마련하지 못하고 단지 그것을 위해 기도하고 금식하는 것을 말함으로 객관성이 없고 매우 주관적이므로 신비주의로 흐를 수 있다. 따라서 웨슬레안 완전주의에 근거한 성결부흥 운동은 위험한 신학적 구조를 가지고 있다.

웨슬레의 완전주의와 성결운동은 첫 번째 체험인 회심을 성경에서 말하는 것 보다 낮게 그 기준을 낮추는 것으로부터 시작한다. 그들은 회심을 하여도 능력 없는 삶을 살고 있는 자들을 향하여 두 번째 체험을 하여 죄를 이기고, 헌신하며, 사랑에 가득 찬 삶을 살라고 말한다. 그런데 성경에서 말하는 회심으로 인하여 "새로운 피조물" 이 된 자들은 회심으로부터 벌써 순종의 삶을 산다(롬 1:5). "신약 성경에 의하면 죄와 분리된 성결의 삶은 회심 후 제2의 축복을 체험할 때까지 유보되는 것이 아니라 예수를 처음 믿을 때부터 시작된다. 신자가 믿음으로 그리스도와 연합할 때 죄에 대해 죽고 새사람으로 부활하는 결정적인 성화가 일어나며 동시에 성령으로 인도함을 받는 특권이 주어진다."[89] 로마서 8:1절 이하에 의하면 진정으로 예수 안에 있는 자(롬 8:1)는 즉, 회심을 한자는 죄의 주관에서 벗어나서 죄에 끌려 다니지 않는다(롬 8:2). 또한 진정으로 회심한 자는 육신을 좇지 않고 성령을 좇아서 계명이 요구하는 바를 지키게 되어 있다고 말씀하고 있다(롬 8:4). 회심한 증거로서의 더욱 중요한 것은 성령으로서 육신을 죽이는 것이다(롬 8:12-13). 회심하였지만 아직도 남아 있는 죄의 본성을 성령의 도움으로 죽이는 것이다. 그래서 진정으로 회심한 영혼은 죄를 미워하고 싸우게 되어 있다.

고린도후서 8장 9절에서 11절에는 진정으로 구원에 이르는 회개와 열매에 대해서 설명하고 있다. 진정으로 구원에 이르는 회개를 한자는 웨슬레안 완전주의에서 말하는 것처럼 의도적으로 죄를 짓고, 알면서 죄를 짓는 자들이 아니다. 고린도후서 8:11절에서 진정으로 구원에 이르는 회개를 한자의 증거 혹은 열매를 말하고 있는데, 그것은 죄에 대해서 분하게 여기며, 죄를 짓는 것에 대해 경건한 두려움이 있으며, 죄를 짓지 않기 위해서 자신을 벌하는 증거들이 있다. 이러한 원리는 요한일서로 가보면 더욱 분명해진다. 웨슬레안 완전주의에서 말하는 것처럼 회심하였다

---

89) 박영돈, 성령충만, 실패한 이들을 위한 은혜, (서울: SFC, 2008), p. 223.

고 하지만 계명도 지키지 않고, 죄와 싸우지도 않으며, 거룩한 삶을 살지도 않으며, 헌신도 없고, 사랑도 없다면 그것은 요한일서에 비추어보면 아직 회심하지 않은 상태이다. 요한일서 2:4절에 의하면 주님을 안다고 하면서 그의 계명을 지키지 않는 자는 아직 회심하지 않았다는 것이다. 요한일서 2:9절에서는 나는 생명의 빛을 얻었습니다 라고 고백하지만 형제를 미워하는 자는 구원의 은혜가 결코 없었다 라고 증거한다. 더욱이 요한일서 3:6절에 의하면 자신은 구원 받았다고 생각하면서 여전히 습관적으로 죄를 짓는다면 그는 예수님을 전혀 모르는 자이라고 단언하여 말씀하고 있다.[90]

이렇게 성경에서 말하는 구원의 은혜 혹은 회심한 자에게서 나타나는 영적 효과와 능력은 매우 크며, 분명하다. 그럼에도 웨슬레안 완전주의자와 찰스 피니, 그리고 성결부흥운동 하는 자들은 아예 처음부터 성경적 기준에서부터 떠나 구원의 은혜가 없는 자들을 구원 받았다고 선언했다. 그리고 여전히 능력 없이 살아가는 그들을 향하여 두 번째 체험을 하여서 능력 있는 사람을 살라고 외치고 있다. "죄의 '세력으로부터 자유하고 성령으로 충만해지는 획기적인 성화의 체험은 그들이 주장하는 것처럼 꼭 나중에 가서야 가능한 것이 아니라 예수를 믿음으로 예수와 연합하는 순간부터 누릴 수 있는 특권인 동시에 누려야 하는 의무이다."[91] 따라서 웨슬레안 완전주의와 성결부흥운동은 성경적 구원을 인간

---

90) 그러나 성결부흥운동에 중요한 인물인 피어살 스미스 (Pearsall Smiths)는 그리스도인임에도 불구하고 계속 죄를 지을 수 있다고 가르쳤다.
91) 박영돈. 전게서 p. 229.

적 수준으로 낮추어 시작하는 오류를 가지고 있는 신학이다.

웨슬레안 완전주의와 성결부흥운동은 두 종류의 그리스도인을 만들었다. 그들의 신학적 체계에서 첫 번째로 영적 체험한 자를 "보통 그리스도인"(normal Christian), 두 번째 영적 체험한 자를 "성화 그리스도인"(sanctified Christian)이라고 부른다. 이것은 다른 표현으로 하자면 두 번째 체험을 한 그리스도인과 체험 하지 못한 그리스도인으로 나누는 것이다. 즉 성화의 체험을 가진 자와 가지지 못한 자로 분류하고 있는데 이것은 참으로 어리석은 분류법이다. 고린도전서 2장에서도 분명히 밝히듯이 성경에서는 거듭나지 않은 자연인 (natural man) 혹은 육신적인 자 (carnal man)와 중생 혹은 회심한 영적인 자 (spiritual man)로 구별된다. 그런데 웨슬레안 완전주의와 성결부흥운동에서는 성경에도 없는 "보통 그리스도인"과 "성화 그리스도인"으로 나누었다. 그러면 성경에서는 왜 웨슬레안 완전주의와 성결부흥운동에서 말하는 분류가 없는가? 그것은 모든 진정한 그리스도인이 성화 가운데 있기 때문이다. 한 영혼은 회심의 과정 속에서 이미 성령의 거룩하게 하는 역사 속에 있다(고전 6:11). 회심 혹은 중생을 통해서 이미 영적 성질과 습관들이 그 영혼에 새겨졌으며, 그로 인하여 회심하면서, 혹은 의롭다 여김을 받은 즉시로 거룩한 삶이 시작되고, 성화가 시작되는 것이다. 특별히 이신 칭의는 하늘 법정에서의 선언으로서 그 증거가 성화로서 나타나게 되어 있다. 그래서 그가 의롭다 여김을 받은 자의 여부는 열매로 아는 것처럼 성화를 통해서 알 수 있는 것이다. 그래서 성경에서는 두 종류의 그리스도인의 언급이 없는 것이다. 그럼에도 불구하고 오늘날 복음주의 교회에서 흔히 볼 수 있는 현상은 "제자 훈련"이란 용어를 사용하면서 교회 내에서 일반 성도와 제자로 두 계층으로 나누는 것을 쉽게 볼 수 있다. 이것은 웨슬레안 완전주의와 성결부흥운동에서 나온 구조이다. 그러나 성경에서는 성도와 제자가 동의어로 사용되고 있다 (행 11:26). 성도는 일반 그리스도인을 말하는 것이 아니다. 성도가 훈련을 받아서 제자가 되는 것이 아니다. 오늘날 복음주의 교회들이 웨슬레안 완전주의와 성결부흥운동의 신학적 구조를 그대로 답습하고 있다. 이러한 신학 구조는 앞에서 언급한 것처럼 문제가 많다. 구원의 은혜가 없는 자를 성도라 부를 수 있기 때문이다. 더욱 위험한 것은 어떤 특정한 영적 체험을 했다고 본인이 영적으로 성숙해졌다고 착각할 수 있다. 더욱이 그 체험이 주관적이며, 감정에 치우친 것이라면 그 폐해가 더욱 심각할 것이다.

웨슬레안 완전주의와 성결부흥운동은 분명 단기간에 교회의 외적 혹은 숫자적 성장을 가져다 줄 수 있는 방법이다. 일단 누구나 쉽게 교회에 들어 올 수 있다. 회심의 증거들이 뚜렷하게 나타나지 않아도, 신앙고백과 인정만 있다면 칭의 그리스도인으로 받아들일 수 있다. 이렇게 들어온 보통 그리스도인은 제 2의 체험을 통해서 보다 확실하게 은혜 안에 있으면 된다. 따라서 철저히 회심의 은혜를 살펴서 교회의 회원이 되게 하는 것 보다 쉽고 빠르게 교회의 숫자적 성장을 가져 올 수 있다. 그러나 이러한 방식은 교회의 경건을 무너트리는 원인이 된다. 조나단 에드워즈는 절반 언약 (Half-way covenant)로 인하여 회심의 분명한 체험과 증거가 없는 자들이 교회의 회원이 됨으로, 결국 그들로 인해 교회의 경건이 무너지는 것을 보았다. 그리고 그는 그것을 개혁하려고 애썼다. 또한 우선 제 1의 체험으로 교회의 회원으로 쉽게 받아들이고, 제 2의 체험으로 유도해서 수준 높은 그리스도인을 만드는 것이 위선자들을 양산할 수 있는 체제라는 것을 예수님의 비유로부터 알 수 있다. 마태복음 25:1-13절은 지혜로운 다섯 처녀와 어리석은 다섯 처녀의 비유이다. 지혜로운 처녀는 구원 받는 백성을 의미하고, 어리석은 다섯 처녀는 구원을 받지 못하는 자들이다. 그런데 지혜로운 처녀들과 어리석은 처녀들을 비교해 볼 때 외형적으로는 거의 차이가 없다. 두 종류의 처녀 모두 신랑을 기다렸으며, 등을 가지고 있었다. 그들 모두는 등 안에 기름도 가지고 있었다. 지혜로운 처녀들이 잠을 잘 때, 어리석은 처녀들도 잠을 잤다. 그런데 신랑이 온다는 소식을 듣고 마중하러 나갈 때, 지혜로운 처녀들은 추가의 기름이 있었으나 어리석은 처녀들에게는 없었다. 바로 이 부분에 이르렀을 때 지혜로운 처녀들과 어리석은 처녀들이 차이가 나타난 것이다. 이것은 무엇을 말하는가? 어리석은 처녀들은 위선자들을 말한다. 그들의 신앙생활의 출발은 온전한 은혜가 아니라 부족한 은혜의 상태에서 출발하였다. 그러나 결국 기름이 부족함으로 끝까지 신앙생활을 하지 못한 것이다. 그래서 위선자가 된 것이다.[92] 따라서 이것은 부족한 은혜를 자각하지 못하고 마치 자신은 구원 받은 것처럼 착각한 상태에 있는 신앙인들의 위험성을 지적하는 것이다. 이러한 면에

---

92) Thomas Shepard, *The Parable of the Ten Virgins* (Ligonier: Soli Deo Gloria, reprint 1990) 참조.

서 일반 그리스도인으로 쉽게 시작하게 만드는 웨슬레안 완전주의와 성결부흥운동은 위험성을 내포하고 있다.

웨슬레안 완전주의와 성결부흥운동은 성도의 거룩한 의무이며 과정인 성화를 어떤 특정한 체험으로 대체하였다. 이것은 그들의 신학적 근거가 펠라기우스 신학에 있기 때문이다. 성화를 하나의 과정이 아니라 사건으로 보면서 성화된 후 행위로 완전을 이루는 것을 말하고 있다. 물론 칭의의 체험을 그리스도 안에서 받아들여진 것을 발견한 것이라고 하는 반면 또한 완전주의자들은 보존의 은혜를 부정하면서 이 땅에서의 삶 속에서 완전할 수 있음을 주장하고 있다. 그들은 의롭다 여김을 받은 이후 거저 주시는 은혜로 죄를 미워하고 죄와 싸우며 (Mortification) 그리스도와 연합하여 성령의 삶을 좇아 거룩함에 이르는 원리를 제거하였다. 성경에서 말하는 성화는 성령의 은혜 아래에서의 인간의 책임이다. 의롭다 여김을 받은 영혼은 거룩하려고 애쓴다. 내가 거룩하니 너희도 거룩하라는 계명이 실제적 삶에 중요하다. 그래서 거룩하려고 힘쓴다. 그러나 여전히 부패성과 죄의 본성이 우리에게 남아 있기 때문에 거룩하려고 하지만 인간의 능력으로 되지 않음을 오히려 경험하게 된다. 그래서 자신의 부족함을 깨달은 영혼은 거룩하기 위해서 더욱 주의 은혜와 성령의 도우심에 의존하게 된다. 그리고 그 과정 속에서 하나님의 형상의 회복으로 나아가는 것이다. 거룩하려고 애를 쓰면 쓸수록 주의 은혜를 더욱 의존하게 되어 있다. 그래서 결국에는 내가 이룬 것이 아니요 주님의 은혜임을 고백하게 된다. 이것이 성경에서 말하는 성화의 원리이다. 성경에서 말하는 성화의 교리는 우리로 더욱 겸손하게 만들고, 주의 은혜에 의존하게 만드는 것이다. 그런데 웨슬레안 완전주의와 성결부흥운동에서는 단지 어떤 체험들을 얻기 위해 노력하고 그 체험을 (그들의 말로 성화의 체험) 한 후 완전에 이른다는 주장을 한다. 이러한 완전주의는 그 어떤 체험으로 자기 기만에 빠질 수 있게 하며 인간의 능력을 확대 함으로써 은혜에 의존하기 보다는 자기 행위에 더욱 근거를 두게 한다. 위선자를 생산 할 수 있는 요소가 매우 큰 신학 체계이다.

웨슬레안 완전주의에 근거를 둔 부흥성결운동에서는 "그리스도안에 내주하는 것"을 우리가 선택하는 것으로 가르친다. 그렇게 선택하게 되면 완전한 안식과 성결이 있다는 것이다. 우리의 의지가 그리스도 안에 내주하도록 작용 (operative) 한다는 것이다. 앞에서 살펴본 랭크포드의 간증을 살펴보면 이것을 분명하게 알 수 있다. 결국 제 2의 체험은 우리의 의지에 영향을 주어서 우리의 의지가 그리스도 안에 거하도록 만든다는 것이다. 여기에서 우리는 성결부흥운동이 캠프 집회를 통해서 감정적인 집회가 되는 원인을 알 수 있다. 사람들로 하여금 극적인 체험을 통해 그리스도 안에 내주하는 결정을 내리는 일에 도움을 주기 위해서 환상적인 방식을 도입하였다. 그 가운데 제 2의 체험을 한 사람들의 공개적 간증들은 극적 효과를 더하였을 것이 틀림없다. 이러한 성결부흥운동은 이미 촬스 피니가 하였던 방법들이다. 그래서 촬스 피니는 두 번째 체험을 위한 성결부흥운동이 매력적으로 보였으며, 그 운동에 가담하여서 자신의 사역을 계속하였던 것이다. 물론 이것의 신학적 배경은 펠라기우스 신학이다. 이러한 면에서 박영돈 교수는 완전주의에 근거한 제 2축복론을 영적인 조급증으로 해석한다.[93] 인간이 계속되는 성화의 점진적인 과정을 견디는데 힘들어 하면서 어떤 영적 수준에 단숨에 이르기 위해서 정상적인 방법이 아닌 다른 수단과 방법을 사용하려는 것이다.

웨슬레안 완전주의에 근거한 성결부흥운동이 가지고 있는 위험성은 도덕률폐기론주의이다. 이들 운동에 있어서 죄를 극소화한다. 그 이유는 성결의 원리와 기준에 있어서 도덕법이 빠져 있기 때문이다. 성결 혹은 성화에 있어서 가장 중요한 것은 그것을 이루는 수단이다. 성경에서는 그 수단을 하나님의 계명, 율법 혹은 도덕법이라고 말씀하고 있다. 내가 거룩하니 너희도 거룩하라는 계명에서 우리가 어떻게 거룩해 질 수 있는가? 그것은 계명을 지키는 것을 통해서 되어지는 것이다. 그런데 성결부흥운동에서는 죄를 깨닫게 하는 도덕법의 기능이 없다. 성화의 수단이 되는 도덕법의 강조가 없다. 정작 성화를 강조하고, 성결을 강조하면서 그 수단을 무시하고 있다. 성령께서 우리 영혼 위에 체험케 하시는 것이 무엇인가? 도덕법을 제외하거나 무시하면서 "높은 수준의 그리스도인의 삶"(The Higher Christian Life)은 무엇인가? 계명을 지키는 것이 없이 어떻게 완전해 질 수 있는가? 성령의 성화의 역사는 그 영혼으로 율법의 요구를 이루게 하는 것이 아닌가? (롬 8:4) 한편으로 성결부흥운동에서 그리스도인을 두 부류로 분류하

---

[93] 박영돈. 전게서 p. 223.

였다. 보통의 그리스도인은 "칭의 그리스도인"(Justified Christian)이며, 제 2의 체험을 한 그리스도인은 "성화 그리스도인"(Sanctified Christian)이다. 이러한 분류 자체가 도덕률폐기론주의에 빠지는 것이 된다. 물론 성결부흥운동이 제 2의 체험을 강조하면서 칭의 그리스도인을 깨우치는 것은 분명하다. 그러나 성결부흥운동에 있어서 이신 칭의의 체험만 있으면 구원 얻는 것이며, 제 2의 체험은 구원과는 관련이 없다는 것이다. 단지 제 2의 체험은 능력을 얻는 것이지 구원과는 관련이 없다고 주장한다. 이러한 신학 구조는 성결부흥운동이 도덕률폐기론주의와 같다는 것을 증거해주는 것이다. 구원에 있어서 칭의는 물론이거니와 성화도 구원의 한 부분이다. 따라서 성화는 반드시 있어야 한다. 히브리서 12:14절에 의하면 "모든 사람으로 더불어 화평함과 거룩함을 좇으라 이것이 없이는 아무도 주를 보지 못하리라"고 말씀하고 있다. 성화는 능력을 받는 제 2의 체험처럼 있으면 좋고 없어도 구원받는 것에 영향을 주지 않는 것이 아니다. 칭의의 증거가 성화이기 때문에 더욱 있어야 한다. 예수님께서 말씀하신 것처럼 열매로 그들의 은혜가 진정한 것인지 아닌지를 알 수 있다(마 7:20). 성화를 통해서 칭의를 확인할 수 있는 것이다. 한편으로 성화는 예정을 확인하는 수단이 되기도 한다. 왜냐하면 예정의 목표와 수단을 하나님께서 정하여 놓으셨는데, "곧 창세 전에 그리스도 안에서 우리를 택하사 우리로 사랑 안에서 그 앞에 거룩하고 흠이 없게 하시려고 그 기쁘신 뜻대로 우리를 예정하사 자기의 아들들이 되게 하셨으니" 라고 말씀하고 있기 때문이다(엡 1:4, 5). 신학구조상 도덕률폐기론을 함축하고 있는 성결부흥운동은 오히려 구원에 대한 거짓 확신을 가져다 줄 수 있으며, 제 2의 체험을 통해 능력 받은 것으로 인하여 스스로의 확신과 영적 교만을 조장할 수 있는 것이다.

20. 오순절주의(Pentecostalism)

■ ■ ■

　웨슬레안 완전주의와 성결부흥운동은 오순절운동의 신학적 기반을 제공하여 주었다. 즉 성결의 가르침의 틀은 그대로 두고 그 내용을 약간 수정하여 오순절 신학의 신학적 근거를 마련하였다. 오순절운동은 1895년 얼윈 (B. H. Irwin) 에 의해 미국 아이오와 주에 있는 불세례 성결교회 (Fire-Baptized Holiness Church) 로부터 시작되었다. 얼윈은 성화된 그리스도인은 반드시 성령의 불세례를 받아서 성령의 완전한 지배에 들어가야 한다고 가르쳤다. 이것을 표로 보면 다음과 같다.94)

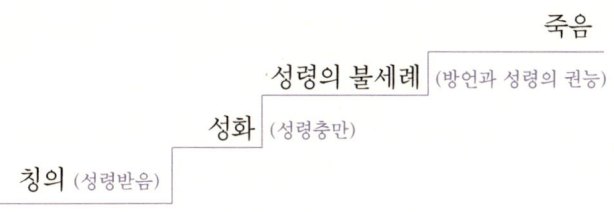

94) Norman Kraused., *Evangelicalism and Anabaptism* (Herald Press 1979) p. 51.

1901년부터 찰스 파람(Charles Fox Parham)에 의해 오순절운동이 더욱 본격화되는데 그는 방언이 천년기의 늦은비(Latter rain) 시대의 증거이며 성령세례의 증거라고 말하였다. 그의 이러한 주장은 성결운동에서 오순절운동으로 전환되는 결정적 선언이 된다. 따라서 오순절운동과 성결운동이 구별되는데, 오순절운동은 오순절경험에 해당되는 능력세례를 성화 다음에 세 번째 은혜의 단계로 놓는다. 그리고 능력세례의 표적으로 방언을 말하였고 이것은 실제적인 외국어로 확인되어져야 한다고 그들은 말하였다. 물론 성화된 깨끗한 심령이 성령세례의 전제적 조건으로 말하였지만, 오순절운동은 점차적으로 성령세례의 증거는 방언이라는 것을 강조함으로써 성화라는 요소를 누락시킨다. 그 내용을 표로 보면 다음과 같다.[95]

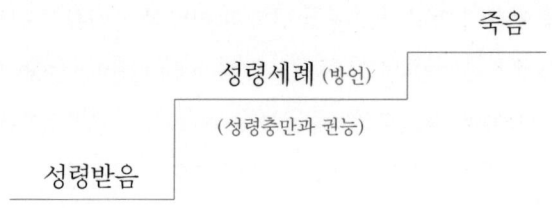

오순절 운동의 태동으로서의 방언 운동은 로스앤젤레스의 아주사에서 사역하였던 윌리엄 세이무어(William Seymour)에 의해서 더욱 확산되었다. 그는 파람에게 직접적으로 영향을 받은 인물로서, 로스앤젤레스의 아주사에서 본격적으로 방언 운동을 펼쳤다. 1906년에 방언의 은사를 구하는 집회 가운데 방언 현상이 크게

95) 전게서.

나타났다.96) 많은 사람들이 아주사를 방문하여 방언 현상을 직접 목도하고, 그들이 자신들의 사역지로 돌아감으로 방언 운동은 전국으로 퍼져나갔다. 오순절운동은 성결운동의 윤리적 성결 강조를 위한 체험이 초자연적 체험의 강조로 변이된 것이다. 그리고 오순절 운동은 다른 성령의 은사들로서 예언, 지혜, 지식, 신유를 강조하였다. 따라서 신적치유운동 (Divine Healing Movement) 일어나게 되었고 신적치유가 하나님의 구원의 부분이라고 말하였다.97) 오순절 운동은 육신의 치유가 영적인 치유와 함께 속죄에 포함된다고 가르쳤다. 그리고 은사들의 나타남을 위한 대중집회를 수단으로 해서 더욱 이 운동을 확산시켰다.

캄펜 몰간은 이러한 오순절운동에 대해서 "사탄의 마지막 독"이라고까지 말하였는데 실로 이들의 신학에는 문제가 많다. 그 이유는 첫째로, 성령의 은사가 구원의 증거가 될 수 없을 뿐 아니라 보다 높은 수준의 성화된 상태로 말할 수 없기 때문이다. 가롯 유다는 성령의 은사를 소유하였던 자였지만 (마 10:1) 그는 구원의 은혜가 없었던 자이다(요 6:70). 또 성령의 은사로 엄청난 기적과 능력을 행하였지만 구원의 은혜가 없음으로 주님께서 모른다고 하는 자들이 있다(마 7:22-23). 히브리서 6:4-6절에서도 성령의 은사를 맛보지만 배교하는 자들을 언급하고 있는데 이들은 위선자로서 성령의 은사를 맛보았던 자들이다. 구약에서도 마찬가지이

---

96) 벤자민 워필드는 이러한 현상은 부흥이 아니라고 하였다. 부흥에는 죄의 각성과 회심이 근본적 요소이지만, 아주사 방언 운동에는 이러한 것들이 없었다.
97) Donald W. Dayton, *Theological Roots of Pentecostalism* (Hendrickson 1987) p. 115.

다. 발람이 이스라엘을 축복하였을 때 그에게는 하나님의 영이 주어졌다(민 24:2). 더욱이 발람은 그리스도에 대해 분명한 예언을 하지만(민 23-24장) 그에게는 구원의 은혜가 없었다(유 1:11). 사울 왕도 하나님의 영이 임하여서 예언을 하였다(삼상 10:10). 그러나 그에게는 구원의 은혜가 없었다(삼상 15:23).

둘째로, 성령의 은사가 절대로 구원의 은혜보다 우선순위 일 수 없고 앞설 수 없다. 왜냐하면 성령의 은사는 그 성격상 임시적이요 일시적인 것이며 (고전 13:8) 또 제한적이다 (고전 13:2). 그러나 구원의 은혜는 영원한 것이다. 한시적인 것이 영원한 것을 앞설 수 없다. 더욱이 성령의 은사는 성령의 일반 사역이다. 그래서 유기자 (Reprobates) 에게도 있을 수 있는 것이다. 즉 그 은사로 다른 사람을 세우거나 교회를 위한 것이지 은사를 받은 본인의 구원을 확인하거나 심령의 변화를 더욱 가져다 주는 것이 아니다 (고전 14:14). 성령의 은사는 교회와 봉사를 위한 기능적 역할을 할 뿐 이라는 것이다.[98] 따라서 오순절 운동은 성령의 일반사역을, 영혼을 구원하는 성령의 특별사역보다 앞서게 하여 그 순서를 바꾸어 버렸다. 이들의 오순절운동의 신학 체계는 청교도들이 지적한 것처럼 성령의 은사는 있으나 구원의 은혜가 없는 위선자들을 분별하지 못하고 오히려 그들의 은혜가 더 깊은 것으로 착각하게 한다.[99] 따라서 위선자들을 양산할 수 있는 신학 체계이다. 그 증거

---

[98] 그의 전집 3권과 4권 참조.
[99] 청교도 목회자 Matthew Mead 의 The Almost Christian Discovered 참조. 이책은 1840년대 미국 장로교 (구학파)의 성도를 위한 필독서였다.

로는 오순절 운동에 있어서 나타나는 은사들이 풍성할지라도 그들로부터 성령의 열매를 찾아보기 힘들고 도덕적으로 낮은 수준이 발견되는 경우가 여기에 해당될 것이다.

21. 자유주의 신학(Liberalism)
■ ■ ■

    찰스 피니와 알버트 반즈 그리고 리만 비철의 실천적 펠라기우스주의를 견지 함에 따라서 미 장로교는 이들에 대해 반대하며 칼빈주의를 견지하는 구학파와 (Old School), 찰스 피니를 지지하는 신학파로 (New School) 1837년 분리되었다. 그러다가 1866년부터 분리된 총회는 서로 통합을 모색하는데 이때 구학파를 이끌었던 찰스 핫지는 신학파의 신학이 과연 분명한 칼빈주의인지 의심하였지만, 1869년 결국 그 신학적 차이를 무시하는 가운데 통합이 이루워졌다. 구학파와 신학파의 통합의 결과에 대해서 장로교 교회사가인 로에츠쉘러 (Lefferts Loetscher) 는 말하기를 "교회의 신학적 기반이 넓어지고 신앙고백에 동의하는 것도 느슨해졌다" 고 하였다.[100] 이는 통합으로 인해 구학파의 칼빈주의 신학이 자연

---

100) Lefferts A. Loetscher, *The Broadening Church* (University of Pennsylvania 1954) p. 8.

스럽게 무너져 내려가게 되었다는 것을 의미한다. 따라서 이러한 자유주의적 경향에 반대하기 위해서 통합이후 교회 내에서 크고 작은 이단시비가 계속 있었으며 구학파의 목회자들은 통합 이후에 계속해서 신학적 혼탁을 염려하며 경고하였다.

통합으로 인해 신학적으로 자유주의 길을 가도록 열려진 가운데 찰스 브릭스(Charles A. Briggs)가 남북 전쟁 후 독일에서 공부하고 미국으로 돌아와서 벨 하우젠(Wellhausen)의 고등 성경비평주의를 주장하고 그 세력을 모아 웨스트민스터 신앙고백서를 개정하려 하였다(1899). 이때 이러한 개정의 실제 속사정은 하나님의 주권보다는 인간의 가치와 영적 능력과 확신에 강조를 두고자 하는 것에 있었다.101) 이는 분명 신학파의 신학적 유산에 의한 것이다. 이러한 영적 움직임에 대해서 교회사가 필립 샤프는 (Philip Schaff) "1899년 총회는 아메리카 신학역사에 새로운 장을 여는 것인데 오랜 칼빈주의는 급속도로 죽어가고 있다" 라고 평가하였다.102) 웨스트민스터 신앙고백서 개정운동을 찰스 브릭스가 이끌었는데103) 그의 이단성으로 인해서 또 1892년 포트랜드 선언과 (Portland Deliverance), 1893년 총회에서 노회들의 3분의 2이상의 동의를 얻지 못하여 일단 이 개정운동은 멈추게 되었다.

그러나 1900년 봄 다시 웨스트민스터 신앙고백서 개정운동이

---

101) 전게서 39-40페이지.
102) 전게서 42페이지.
103) 그와 함께 H.J. Van Dyke은 개정주장을 하였다.

일어났다. 이 운동은 알브레트 리츨과 같은 (Albrecht Ritschl) 자유주의 신학등에 영향을 받아 하나님의 사랑에 근거해서 (philanthropic) 신학을 다시 세우자는 것이었다. 104) 이에 대해 그 당시 맥코믹 신학교 교수 크레이그 (Willis C. Craig) 와 프린스톤 신학교 교수였던 워필드 (B. B. Warfield) 는 신앙고백서 개정에 반대하였다. 그럼에도 불구하고 1902년 총회에서 웨스트민스터 신앙고백서 3장을 하나님은 모든 만인을 사랑한다는 것과 조화되도록 해석하는 것과 10장 3절의 선택된 유아에 대한 해석을 유아기에 죽은 자가 구원받지 못한 자로 간주되는 가르침이 아니라는 것과 16장 7절, 22 장 3절의 본문 변형과, 그리고 25장 6절에서 교황이 적그리스도라는 것을 누락시킨다. 그리고 결국 1903년 총회에서 그 안건은 가결되었다. 이에 대해 로에츠쉘러 (Loetscher) 는 평가하기를 "교회가 시대의 조류에 따라 신학적으로 변경할 준비를 하였다… 웨스트민스터 신앙고백서의 개정은 신학적으로 변하여 가는 시대의 시작이며 이것으로 장로교회는 실천적으로 칼빈주의를 버리기 시작하였다" 고 말했다. 105) 이러한 개정은 1810년 칼빈주의에서 떠나 알미니안주의로 가버린 컴버랜드장로교회 (Cumberland Presbyterian Church) 가 1906년에 미국장로교에 (PCUSA) 에 다시 합병될 수 있도록 하였다.

이러한 상황 속에서 한국 장로교회는 구학파의 선교사들이 절대 다수를 차지 함으로 칼빈주의이면서 실천적 부분에 있어 청교

---

104) Lefferts A. Loetscher 전게서 86페이지
105) 전게서 89페이지.

도의 신학적 기반을 1907년까지 전통으로 세움으로 한국 초대 장로교회는 이러한 자유주의 신학과 인본주의 신학에 감염되지 않았다. 왜냐하면 1869년에 구학파와 신학파가 통합하였지만 1920년대까지 구학파의 목회자들과 신학교들이 칼빈주의 신학을 유지하려고 애쓰는 가운데 그곳 출신의 선교사들이 한국에 왔고 일하였기 때문이다.

그러나 장로교회 뿐 아니라 수 많은 미국 교회들은 20세기에 들어서면서 르네상스와 계몽주의와 같이 인간의 이성을 우상화하는 작업을 시작하는데 현대 심리학의 아버지라 할 수 있는 윌리엄 제임스 (William James)가 그 문을 여는 것으로부터 가속화되었다. 그의 작업은 영적인 것을 심리학적으로 또는 과학적 분석으로 바꾸어 버리고 절대적 진리를 거부하고 진리가 어떤 과정이라고 말하였다. 이것은 상대주의를 (relativism) 더욱 가속화하여 전통적인 것에 도전하면서 인간의 이성을 극대화하며 진리와 윤리의 기준들을 흔들어 놓았다. 더욱이 이것과 함께 이미 유럽 대륙을 휩쓴 고등비평이 더욱 힘을 얻음으로 자유주의자들이 더욱 교회에 많아지게 되었다.

이러한 정황가운데 1922년 5월 21일 주일 아침에 뉴욕시 제일 장로교회의 헤리 포스딕 (Harry Emerson Fosdick)은 "근본주의자들이 승리할 수 있는가?" 라는 제목으로 설교하면서 자유주의를 옹호하였다. 그는 자유주의자들도 크리스챤이라고 주장하고, 동정녀 탄생, 성경무오, 그리스도의 육체적으로 다시 오심의 교리들은 그리스도인의 믿음의 기초가 아니기 때문에, 이 교리들을 거부한 다고 해서 교회에서 내 쫓아서는 안 된다고 말하였다. 따라서 이러한 자유주의자들의 거센 도전에 그레샴 메첸은 (Gresham Machen) 기독교의 초자연적인 것을 거부하는 자유주의들과 혈투를 벌이게 되었다. 메첸의 "기독교와 자유주의"(1923)의 작품은 자유주의가 기독교가 아니라는 것을 철저히 증거하는 것이었다. 메첸은 자유주의가 과학과 기독교를 조화시키려는 시도에 대해서 그것은 비기독교적이며, 비과학적이라는 것을 지적하였고, 과학의 이름으로 기독교의 특징을 없애려는 것이다라고 지적하였다. 메첸이 지적한 자유주의의 불신앙은 다음과 같은 것이다.

1) 현대 자유주의는 기독교 신앙의 근본 원리들과 교리들을 제거하고 있다. 메첸은 이러한 자유주의에 대해서 기독교의 근본 교리의 중요성을 변호하였다. 자유주의자들의 교리들의 무용성 주장에 대해서 기독교는 삶일 뿐만 아니라 그것은 교리로서 분리될 수 없음을 강조하였다. 2) 현대 자유주의는 예수님의 윤리적 교훈들에 초점을 둔다. 메첸은 복음은 단지 윤리적 가르침이 아니다. 복음은 교리로서 단지 도덕적인 것을 다루는 것이 아니고, 구원을 다루는 것이다. 구원의 은혜로부터 삶과 도덕이 그 효과로 나타나는 것이다. 3) 현대 자유주의는 선량한 인간을 추구하고 있다. 자유주의자들은 인간의 도덕적 부패 혹은 무능을 믿지 않는다. 메첸은 이것에 대해서 기독교는 애통하는 심령을 가진 종교로서 먼저 죄인들이 자신의 죄를 깨닫고 하나님의 은총에 의해서 죄를 처리하는 것이다. 메첸은 자유주의자들이 죄를 너무나

쉽게 여기고, 세상의 도덕적 표준으로 만족하고 있음을 개탄하면서, 현대 자유주의 교회들이 "절대로 불가능한 과업 곧 의인을 불러 회개하게 하는 일에 열심을 내고 있으며... 현대 [자유주의] 전도자들은 사람들에게 자기 긍정의 포기를 요구하지 않은 채 그들을 교회로 인도하려고 애쓰며 사람들이 죄의 자각을 피하도록 힘을 다해 돕고 있다"고 지적하였다.[106] 4) 현대 자유주의는 성경의 완전 영감론을 거절한다. 성경이 오류로 가득 차 있다고 믿는다. 결국 자유주의는 예수님의 모든 말씀에 대해서 권위를 인정하지 않고, 심지어 역사적인 예수를 재구성해야 한다고 주장한다. 이러한 주장을 하는 자유주의에서의 속내는 예수님의 생애의 목적이 대속의 죽음이라는 것을 부정하기 위한 것이다. 자유주의자들은 구속자로서의 예수가 아니라 도덕적 모범 예수를 원하고 있는 것이다. 자유주의의 이러한 주장에 대해서 메첸은 성경은 그 자체로 권위가 있으며, 성경의 증거는 오늘날 현재의 체험으로 더욱 확증되어진다고 하였다. 5) 현대 자유주의는 예수님을 단순히 신앙의 모범으로 본다. 이것에 대해서 메첸은 예수님은 먼저 우리의 신앙의 대상임을 강조하였다. 메첸은 "신약성경이 전하는 예수님은 단지 정의의 교사나 새로운 양태를 지닌 종교생활의 선구자가 아니라 인류가 신뢰할 수 있는 구주이시다 라고 했다."[107] 메첸은 자유주의자들의 구원 개념이 죄로부터의 구원이 아니기 때문에 그리스도를 믿는 신앙이 필요 없음을 지적하였다. 6) 현대 자유주의는 그리스도의 신성을 부정한다. 메첸은 이

---

106) 그레샘 메첸, "기독교와 자유주의", (서울: 크리스찬출판사, 2004). P. 55.
107) 전게서 71 페이지.

러한 자유주의 주장에 대해서 "진정한 신앙의 대상인 예수님은 단순한 인간이 아니며, 초자연적인 인격이며, 참으로 하나님이셨던 인격이다" 고 하였다.108) 7) 현대 자유주의는 예수님의 초자연적인 인격 전체를 부정하고, 동시에 기적을 거부한다. 이것에 대해서 메첸은 "기적에 대한 문제는 바로 신약성경이 제시해 주는 구주를 믿고 받아들이냐 받아들이지 않느냐의 문제이다"라고 하였다. 계속해서 메첸은 말하기를 기적을 인정하지 않는다는 것은 우리의 구원을 위해 스스로 세상에 강림하여 우리의 죄를 대신 지고 십자가에서 고난 받으시고 하나님의 권능으로 죽은 자 가운데 살아나 지금도 살아 계시며 우리를 위해 중보 해주시는 구주를 거부하는 것이라고 하였다.109) 8) 현대 자유주의는 그리스도의 죽음을 속죄적 죽음으로 보지 않고, 다만 인간으로 본받도록 제시된 자기 희생의 표본으로 간주한다. 결국 자유주의자들은 죄의 실재를 무시하고 인간의지의 설득으로 구원에 이른다는 원리를 가지고 있다. 자유주의에서는 죄를 미워하는 것은 물론이거니와 죄에 대한 심각성과 죄가 우리를 비참하게 만드는 것을 믿지 않는다. 따라서 자유주의자들은 십자가의 죽음 교리가 편협적이라고 비난한다. 기독교의 속죄 교리는 그리스도의 신성교리와 철저하게 연결되어 있는데, 자유주의는 죄의 심각성과 그리스도의 신성을 거부하기 때문에 그들은 스스로 의로운 행위로 구원받으려는 것이다. 9) 현대 자유주의는 하나님의 공의를 믿지 않는다. 하나님은 사랑이라는 것만을 강조한다. 따라서 죄에 대한

---

108) 전계서 84 페이지.
109) 전계서 96 페이지.

하나님의 심판 교리도 믿지 않는다. 메첸은 이러한 자유주의에 대해서 죄에서 건지시는 진정한 하나님의 사랑을 모르는 상태에서 자기 만족과 자기 실현의 하나님 사랑만을 구하는 자들이라고 하였다. 10) 현대 자유주의자들이 추구하는 구원은 사회복지적인 것이다. 영혼 구원에 대해서는 그 구조상 관심을 둘 수 없음을 메첸은 지적하였다. 메첸은 사회의 참된 개선 혹은 개혁은 구속함을 입은 자들이 사회에서 역할을 충실히 감당함으로써 이루어 질 것으로 보았다.

결국 메첸이 자유주의에 대해서 지적하고 있는 것은 그들이 인간의 부패성을 부정하고, 죄에 대한 실체를 외면한 결과로서 그리스도의 신성, 속죄적 죽음, 그리고 더 나아가서 성경에서 완전히 떠난 구원관과 교회관을 가지게 되었다는 것이다.

계속해서 1926년 총회에서 프린스톤 신학교가 구학파의 신학만 가르칠 것인가 아니면 다양한 신학적 견해를 수용 할 것인가 라는 논쟁에서 학장인 스테벤슨(Stevenson)은 "우리는 통합된 구학파와 신학파의 기관이다. 그러므로 신학교 학장으로서의 나의 야심은 이 신학교를 어떤 특정한 당파의 학교가 아니라 전체 장로교회를 대표하는 학교로 만들려는 것이다" 라고 말하였다.[110] 그리고 한 걸음 더 나아가 1929년 총회에서 프린스톤 신학교의 헌장과 계획에 수정을 하고 재구성함으로 보수주의자들을 물리치

---

110) Bradley Longfiled, 미국장로교회논쟁, 이은선역, (아가페문화사 1992), 254페이지.

게 되었다. 그래서 보수주의자들은 소수로 전락하게 되었고 불가불 그들의 교단을 세우고 (Orthodox Presbyterian Church) 분리될 수밖에 없는 상황에 이르렀다.

그레샴 매첸은 (Gresham Machen) 프린스톤 신학교를 떠나기 몇 해전부터 장로교 선교사들의 선교사역이 알미니안주의이며 현대주의에 영향 받았음을 계속 지적하였다.[111] 이는 1869년 엄청난 신학적 차이를 무시하고 신학파의 펠라기우스적인 신학을 그대로 안고 통합한 결과로서 구학파의 칼빈주의 신학은 죽어 버리고 알미니안주의와 현대주의와 자유주의만 득세하는 효과를 낳았다. 결국 이와같은 미 장로교의 자유화의 과정은 예수께서 바리새인과 사두개인의 누룩을 주의하라고 경고하신 이유를 알 수 있는 사건이며 이러한 자유화된 교회에서 위선자의 양산은 당연한 것이라 할 수 있겠다.

---

111) Paul Wooley, *The significance of J. Gresham Machen Today* (Presbyterian and Reformed Publishing 1977) p. 35.

22. 세계교회협의회(World Council of Churches)
■ ■ ■

　세계교회협의회는 국제적인 조직으로서 1948년 네덜란드 암스텔담에서 창설되었다. 1910년 에딘버러에서 열린 선교사 대회가 발전되어 1937년 세계교회협의회를 조직하기로 동의하고, 제2차 세계대전이 끝난 후에 조직되었다. 1961년에는 국제선교사공의회(International Missionary Council)가 세계교회협의회로 흡수 합병되었다. 세계교회협의회와 국제선교사공의회 모두 세계선교를 위한 에큐메니칼 단체이다. 그런데 이들에게서 나타나는 신학적인 특징은 20세기의 교회와 선교에 상당한 영향을 미쳤다. 물론 이들은 자유주의 신학에 상당히 영향을 받았던 협의회들이다. 이들의 협의회들은 자유주의신학의 구원론과 교회론을 따라가고 있다. 그런데 이러한 그들의 교회론은 실제적으로 오늘날 복음주의에서 다시 유행되고 있는 신학이다. 한편으로 21세기에 들어서면서 복음주의에 대해서 부정적으로 생각하면서 일어나고 있는 이머징교회 운동 (Emerging Church)은 아예 세계교회협의회의 교회론을 따라가고 있다. 따라서 그들의 신학적 정체성을 살펴보아야 한다.

네덜란드 신학자로서 세계교회협의회의 전도분과 총무를 지냈던 (1949-52) 요하네스 호켄다이크 (Johannes Hoekendijk)는 1952년 윌링겐에서 열렸던 국제선교사공의회에서 하나님의 선교에 대해서 논거를 폈다. 이 논거에서 교회의 역할이 무엇인지 다음과 같이 드러났다.

> "우리는 하나님-교회-세상의 관점에서 하나님-세상-교회의 관점으로 옮겨서 우리가 무엇을 시도해야 할 것인가를 바라보아야 한다. 이것이 올바른 신학적 사고이다. 우리가 하나님에 대해서 말할 때 우리는 또한 세상이 하나님께서 일하시는 무대인 것을 말하여야 한다. 교회가 세상을 알아야 하고, 세상을 존경하는 것은 가장 중요한 것이다. 교회가 하나님을 인정할 때. 교회는 자신의 독특한 위치를 인정해야 하며, 어떤 측면에서 시간 안에 교회가 세상의 가치와 운명을 존경하는 도구로써 섬길 수 있는 것이 현실이 되기를 소망해야 한다. 이 독특한 성격을 가진 교회는 자신 스스로의 구조를 보호하기 위해 주장할 수 없다. 교회는 개인적인 사회학을 가지지 않았다. 다만 이용 가능한 세상의 모든 구조들을 사용하여야 한다." [112]

호켄다이크는 자유주의적 입장에서 하나님의 선교를 주장하

---

112) Norman Thomas ed. *Classic Text in Mission and World Christianity* (Maryknoll: Orbis, 1995), p. 125.

였다. 하나님께서는 세상을 자신의 무대로 하여 선교를 직접 하신다. 따라서 교회는 선교의 주역이 아니다. 단지 교회는 하나님께서 세상에서 하시는 일이 무엇인지를 발견하고 확인하여서, 세상을 섬기는 일을 하는 것이다. 그래서 교회는 세상의 가치와 목적들을 존경하고, 그 일을 섬기는 도구가 되는 것이다. 이렇게 주장하는 가장 중요한 신학적 이유는 하나님께서 세상을 사랑하시어서 세상에서 자신의 일을 펼치기 때문이라는 것이다. 물론 호켄다이크가 세상을 이렇게 긍정적으로 보는 이유는 자유주의 신학 때문이다. 자유주의 신학은 하나님 나라가 이 땅에서 현재적으로 구현되는 것을 추구하는 것이다. 영원한 의미에서의 하나님 나라는 그들의 개념 속에 없다. 그래서 교회는 세상을 섬겨야 하는 중요한 도구가 되며, 그것이 교회의 존재 목적이라는 것이다. 호켄다이크의 이러한 신학은 1958년 세계교회협의회에서 다시 확인되었다. 그 골자는 다음과 같다. 1) 선교는 하나님의 것이지, 우리의 것이 아니다. 성경의 하나님은 선교하시는 하나님이시다. 2) 구원은 그리스도안에서 인간성의 갱신이다. 3) 따라서 하나님의 선교의 최종적 목표는 "샬롬"을 세우는 것이다. 4) 이때 교회는 하나님의 백성으로서 선교의 목표가 아니며, 단지 수단이요 도구일 뿐이다. 5) 교회는 하나님의 선교에 동참하는 것 뿐이다. 즉 하나님께서 세상에서 하시는 일에 동참하는 것이다. 6) 그리스도께서 세상의 구원을 위해 자신을 복종시키신 것처럼 교회는 세상을 위해 수고해야 한다. 7) 하나님의 선교는 하나님께서 세상에서 하시는 일이다. 따라서 교회는 세상에서 무슨 일이 일어나는 것에 대해서 심각하게 고려해야 한다. 8) 하나님의 선교

의 목적은 모든 대륙과 나라에서 인간성의 회복 (새로운 인간성)이
다. 9) 교회는 세상의 의제를 심각하게 채택해서 새로운 인간성
의 회복을 위해 종 같이 섬겨야 한다. 10) 하나님께서 세상에 대
한 선교에 우리가 동참할 때, 불순종으로 인한 세상의 비참함에
대한 깊이를 이해하게 된다.[113]

1961년 인도의 뉴델리에서 제 3차 세계교회협의회가 열렸다. 이 회의에서 앞서서 주장해오던 논의가 더욱 확실하여졌다. 이 회의에서는 교회의 존재 목적이 이웃을 위하는 것에 있음을 논하였다. 물론 하나님께서 세상에서 자신의 사역을 하고 있기 때문이다. 그래서 선교의 주된 임무는 세상 속에서 일하시는 하나님의 임재를 분별하는 것에 있다고 하였다. 이 회의는 대륙의 분과별로 나누어서 토론하였는데, 유럽의 그룹은 선교의 목적을 "샬롬"으로 서술하였고, 북아메리카 그룹은 "인간화"(humanization)로 보았다. 그리고 회의에서 교회 생활의 "오라 구조"(come structure)를 비판하고 "가는 구조"(go structure)를 지지하였다. 그런데 가는 구조라는 것은 교회가 불의에 의한 희생자와 인종 간의 다툼, 개인의 외로움 위기를 도와주는 것을 의미하였다. 제 3차 세계교회협의회에서 나타난 그들의 교회론은 다음과 같다.

> 1. 교회는 세상으로부터 자신을 분리해야 한다고 생각해서는 안된다. 교회는 세상의 부분이라는 것을 알 때 진정한 교회가 될 수 있다. 왜냐하면 하나님께서 세상을 사랑하셨고, 그의 사랑을 세상에 나타

113) 전게서 pp.114-115.

내셨기 때문이다.
2. 교회는 사랑해야 한다. 세상이 교회의 진정한 성질을 인식하도록. 교회의 가장 중요한 의무는 세상에서 드러내는 것이다.
3. 교회가 하나님의 임재와 행동들에 대해서 알아야 한다. 하나님께서 자신을 세상에 알리시는 표적들을 지속적으로 분별해야 한다. 비기독교인들과 겸손하게 대화하지 않거나 그들과 교제하지 않는 것은 진정한 교회가 아니다. 비기독교인들과 대화에서 교회의 역할은 동반자로서 들어주고 받아주는 준비를 하는 것이다.
4. 회중의 선교사적 성질은 하나님께서 세상을 사랑하시고, 세상을 사랑하셔서 그의 백성을 세상에 보내시는 것에 대한 믿음에 의존한다.

세계교회협의회의에서 나타난 교회론은 세상을 섬기는 것이다. 교회가 세상을 섬기기 위해서는 억눌린 자들을 풀어주고, 불의에 고통 받는 자들을 건져내는 것이다. 따라서 1968년 방콕대회에서는 한 걸음 더 나아가서 하나님의 선교 즉, 하나님께서 세상의 구원을 위해 무엇을 하시는 가를 설명한다. 1) 구원은 경제적 정의, 정치적 자유, 문화 갱신이다. 이것은 하나님의 선교를 통하여 세상의 전적 자유 안에 있는 요소들이다. 2) 세상은 하나님의 선교의 장이다. 3) 구원 사역은 경제적 자유를 위한 몸부림이다. 4) 구원 사역은 인간의 존엄성을 위한 몸부림이다. 5) 구원 사역은 인간의 소외로부터 연대를 위한 몸부림이다. 6) 구원 사역은 실망한 개인을 소망으로 이끌기 위한 몸부림이다.[114]

---

114) 전게서 p.p. 187-188.

세계교회협의회가 주장하는 구원의 개념과 선교와 교회에 대한 이해는 철저히 자유주의 신학에 뿌리를 두고 있다. 세계교회협의회가 주장하는 구원은 인간성의 회복이다. 그들은 인간의 죄와 죄의 본성에 대해 눈을 감고 있기 때문에 죄에서 구원이 아니라, 인간성의 회복을 구원으로 이해하고 있는 것이다. 그들은 원죄를 부정한다. 인간에게는 무한한 능력이 있는 것으로 생각한다. 모든 인간의 노력으로 하나님 나라를 현재 이 땅에서 세울 수 있다고 생각한다. 물론 그들은 평화롭게 사는 것을 하나님 나라로 이해한다. 인간의 부패성을 인정하지 않는다. 따라서 세상의 가치 기준을 높이 평가하고, 세상이 추구하는 것을 교회가 따라가라고 말한다. 세계교회협의회가 이해하고 있는 교회는 영적 기관이 아니다. 세상을 섬기는 것을 통하여 사회적 기능을 하는 기관이다. 이러한 세계교회협의회의 신학에 대해서 그 당시 복음주의자들은 반대하였다. 그리고 복음주의자들은 로잔회의에서 복음주의적인 언약문서를 채택하였다. 그러나 21세기의 문턱을 넘어선 오늘날의 복음주의자들은 1950-60년대의 자유주의자들과 세계교회협의회에서 주장하였던 구원론과 교회론을 따르고 있다. 오늘날의 복음주의자들은 죄에 대해서 설교하지 않는다. 인간들을 편안하게 해주고 즐겁게 해주기 위해서 새로운 방식의 예배들이 고안되었다. 인간의 자긍심을 부추기고, 자기 계발을 함양하여서 행복한 삶을 영위할 수 있다고 설교한다. 교회는 세상의 가치 기준과 세상이 추구하는 것을 따라가고 있다. 교회는 세상을 섬기기 위해서 문화와 교양학습 기관으로 전락하고 있다. 교회에 스포츠 센터가 들어오고, 각종 문화 행사가 쉴새 없이 진행되고 있다. 교회는 종교기관이 아니라 문화 공간이라는 것을 보여주기 위해서 예배당을 의도적으로 개조(remodeling)하고 십자가마저도 떼어 놓고 있다. 교회는 영적인 것에 대해서 무관심하고, 차라리 세상을 섬기기 위해서 복지 사업의 기관으로 전향하고 있다. 전문적인 복지 요원이 영적으로 돌보는 자를 대체하고 있다. 세상이 행복을 추구하고 있기 때문에 교회도 육신적 웰빙과 행복을 추구하고 있다. 물론 복음주의자들은 이러한 방식들이 복음을 전하기 위한 것이라고 항변할 수 있다. 그러나 이러한 방식은 복음을 전하기에 합당한 방법들이 아니다. 바울은 복음전도의 원리에 대해서 분명하게 말하였다. "내 말과 내 전도함이 지혜의 권하는 말로 하지 아니하고 다만 성령의 나타남과 능력으로 하여"(고전 2:4) 즉 복음의 교리를 가르치면서 성령의 나타나심을 기다렸다는 것이다. 인간적인 방법과 기술을 동원하여서 인간적으로 설득하지 않았다는 것이다. 코넬리우스 반틸은 복음을 인간의 방식으로 전하려는 그 순간부터 그 영혼을 온전하게 그리스도에게 이끌 수 없다고 말하였다. 왜냐하면 인간적인 방식으로 인하여 자신이 왜 예수님을 믿어야 하는지 그 필요성을 깨닫지 못하기 때문이라고 하였다. 즉 신적인 요소가 빠져 있음으로 인하여 자신의 현재 상태와 예수님을 믿는 상태의 차이가 없음으로 현재로 족하다는 것이다.[115] 따라서 오늘날 복음주의자들은 자유주의자들과 세계교회협의회에서 강조한 구원론과 교회론이 얼마나 위험한 신학인지를 알아야 한다. 그리고 지금 자신들이 추

---

115) 코넬리우스 반틸의 변증학 제 5장 참조.

구하는 것이 얼마나 잘못된 방법이라는 것도 깨달아야 한다. 따라서 회개하고 사도들이 가르쳤던 그 가르침으로 돌아가야 한다. 개혁신학자들이 강조하였던 정통 신학으로 돌아가야 한다.

23. 장로교(PCUSA)의 1967년 신앙고백

■ ■ ■

　제 1차 세계대전 후 그리고 대공항으로 인하여 자유주의 신학의 낙관론이 무너지기 시작하였다. 그러면서 1930년대부터 칼 바르트(Karl Barth)의 신정통주의가 그 세력을 얻기 시작한다. 신정통주의(Neoorthodoxy)는 특별히 PCUSA 교단에서 강세를 보였는데 존 맥카이(John Mackay)가 1936년에 프린스톤 신학교 교장으로 취임하여 1959년까지 봉직하면서 신정통주의를 신봉하였기 때문이며 1948년 부터 PCUSA 교단 주일학교 교재를(Christian Faith and Life) 신정통주의 신학에 근거하여 개정한 것에 기인한다. 또 1967년 선언의 상당 부분이 바로 신정통주의에 근거하여 작성된 것들이 그 증거들이다.

　사실 칼 바르트는 자유주의자들이 기독교의 전통적인 교리를 무시하는 것에 대항하여서 삼위일체, 그리스도의 신성과 인성의 연합, 이신 칭의 교리를 적극적으로 변호했다. 그러나 신정통주의가 자유주의 신학과 싸웠지만 비평주의 신학자들의 성경에 대한 결론은 거부하지 않았다. 하나님의 말씀 (Word of God)과 성경을 (Bible) 분리하여 '성경 그 자체는 오류가 있는 하나님 말씀에 대한 증거' 라고 정의하면서 하나님께서 성경을 사용하실 때만 오로지 하나님의 말씀이 된다는 것이다. 이것은 하나님의 말씀의 주관적, 실제적 체험에 강조를 둔 것이다. PCUSA교단 주일학교 공과인 Christian Faith and Life를 출판하면서 과거의 주일학교 교재를 정적 (static) 이며 비인격적인 (impersonal) 것으로 평가하면서 단지 정보의 제공기능 밖에 못하였지만 신정통주의 신학에 의해 개정된 교재는 동적으로 (Dynamic) 살아계신 그리스도를 배울 수 있다고 하였다.116) 더욱이 이러한 신정통주의가 실천신학, 특히 설교학으로 가면서 신 해석학 (New Hermeneutic) 으로 발전되어 언어사건 (Language Event)이라는 용어를 개발하여 성경이 우리 심령을 때리면 그것이 바로 하나님의 말씀이 되는 것처럼 말하고 있다. 따라서 이러한 신정통주의 신학에 물든 설교자는 예배 시 성경을 읽으면서 "하나님의 음성으로 들리시기를 바랍니다" 라고 말하기도 하며, 때로는 오늘날 보통 Q.T 라고 부르는 경건의 시간을 가지는 것에 있어서 묵상이 아니라 어떤 심령을 때리는 사건을 (Event) 추구하는 것도 바로 이러한 실존적 신학에서 나온 것이다.

---

116) James Moorhead, "Redefining Confessionalism" in *The confrssional Mosaic* (Westminster/John Knox 1990) p. 64.

이러한 신정통주의는 매우 다이나믹하고 하나님 말씀에 대해 성령의 역사를 매우 강조한 것처럼 보이지만 매우 위험한 것이다. 먼저 성령의 감동으로 기록된 하나님의 말씀의 권위를 인정하지 않고 현재 나에게 일어날수 있는 어떤 체험을 더 중요시하는 매우 주관적 신학이다. 특히 1967년 신앙고백서에서는 성령의 조명 (illumination)에 의해서 그 증거가 살아있는 말씀 (예수 그리스도) 으로 유효하게 된다고 말하고 있다. 이것은 말씀과 성령의 역사에 대해서 애매 모호한 말이다.

왜냐하면 성령의 조명이란 인간의 영적인 눈을 열어주는 것이다. 이것은 영적인 빛의 교통을 구성하게 되어 우리로 하나님에 대한 새로운 이해를 갖게 되고 그리스도를 통해 하나님과 새로운 관계를 갖게 한다. 이것은 성경에 있는 하나님의 마음을 이해하게 되는 과정이다. 그리고 성령의 감동으로 기록된 말씀을 이해하기 위해 지속적으로 성령의 역사에 의존해야 하는 것이다. 그리고 이것을 위해 계속적으로 성경을 읽는 것이 필요하고 보다 분명한 성경 지식과 (성경역사, 지리) 교리를 알아야 하며 성령의 가르치는 사역이 우리의 삶 가운데 있게 하기 위해 반드시 기도해야 한다.[117]

그러나 신정통주의에서 말하는 예수그리스도의 체험은 그 애매 모호한 철학적 용어 사용으로 인해 가장 실제적이며 영적으로

---

[117] 존 오웬의 성령론, 그의 전집 제 9권 참조.

중요한 것들이 다 빠져 있다. 즉 예수를 주로 받아들이기 전까지 성령의 역사로 인한 죄의 질책(요 16:8), 그 죄의 자각으로 인한 철저한 낮아짐, 그리고 그 죄의 질병을 고치기 위한 몸부림 가운데 의원으로 오신 예수의 발견,(막 2:17) 그리고 이러한 구원의 방법(Method of Grace)이 얼마나 높은 하나님의 지혜인가에 대한 찬양(고전 1:25)과 같은 것들이 없다. 따라서 하나님 말씀에 근거한 체험이 아니라 매우 주관적 체험을 실존적, 철학적 단어를 사용하여 대단한 것으로 포장하고 있다. 이러한 신정통주의는 성도들로 하여금 실제적 경건의 모습을 기대하기 보다는 어떤 즉각적 계시와 같은 것을 의존케 하는 신비주의로 갈 수 밖에 없으며 또한 위선자를 생산해 낼 수 밖에 없다.

24. 20세기의 세상적인 복음주의(Worldly Evangelicalism)

복음주의는 그 정의에 따라 의미가 달라지지만 본 장에서는 20세기의 복음주의를 (Evangelicalism) 살피기로 한다. 사실상 오늘날 복음주의 (Evangelicalism)란 용어는 매우 다양하게 사용되고 있다. 복음주의라는 용어는 사용하는 나라에 따라서 그 의미가 또한 다르다. 보통 복음주의는 넓은 의미에서의 복음주의와 좁은 의미에서의 복음주의로 나뉘어 사용되고 있다. 넓은 의미에서의 복음주의는 18세기의 영적 대각성으로부터 형성된 신앙정통을 의미하고, 좁은 의미에서는 미국에서 1942년에 NAE (National Association of Evangelicals)가 조직됨으로 시작된 신복음주의 (Neo Evangelicalism)를 의미한다. 신복음주의라는 용어는 오켄가로부터 사용되기 시작하였다. 그리고 오켄가는 후에 신복음주의를 복음주의라고 불렀다. 물론 코넬리우스 반틸은 1960년대부터, 신복음주의를 복음주의라고 불렀고, 1980년대에는 프란시스 쉐퍼가 신복음주의를 복음주의라고 불렀다. 그래서 원래 신복음주의라고 불리었으나 지금은 일반적으로 복음주의로 불리운다. 그리고 21세기에 들어서는 복음주의자들 내에서 용어 사용의 통일성을 꾀하고 있는데, 오늘날 복음주의자들이 일반적 개념으로 받아들이고 있는 정의는 데이빗 베빙톤(David Bebbington)의 것이다. 그는 복음주의의 4개의 주요 요소를 언급하면서 이것을 포함하고 있으면 복음주의자라고 할 수 있다고 하였다. 그 4가지 요소는 1) 회심(Conversion), 2) 성경 (Bible), 3) 평신도 사역 (Laity), 4) 그리스도의 죽음 (Christ's Death) 이다. 물론 베빙톤이 이러한 요소들을 언급할 때, 용어의 신학적 정의나 신학적 차이에 대해서는 언급하지 않는다(The Dominance of Evangelicalism, IVP 2005).

미국의 복음주의는 근본주의 운동의 후기 산물이다. 복음주의자들은 자유주의자들에 대해서 대항하지만 근본주의로는 동일시하지 않는 부류이며 믿음을 통하여 은혜로 구원 얻는 것을 확고히 주장하지만 실용주의에 영향을 받아[118] 과학의 새로운 발견들에 대해서 신학에 기꺼이 채용시키는 자들이다.[119] 그래서 이들은 근본주의자들이 문화에 대해 대항한 것에 반해 오히려 세상으로 들어간다. 따라서 복음주의의 이러한 경향에 대해서 리챠드 큐베듁스(Richard Quebedeaux) 는 "세상의 기준으로 그들은 존경 받는 자들이 되고자 했다" 고 평한다.[120] 이렇게 복음주의자들은

---

[118] Michael Horton, 미국제 복음주의를 경계하라, 김재영 역, (나침반 1996) pp. 77-115.
[119] Norman Claus 편집 전게서 10 페이지.
[120] Richard Quebedeaux, *The Worldly Evangelicals* (Harper & Row 1978) p. 13.

근본주의들과 연속성을 갖지 않으려 하였는데 그 이유에 대해서 근본주의자들의 교회론이 분리주의자들의 것이며 윤리에 있어 너무 개인적이며, 종말론은 너무 미래적이며, 또 그 정신이 너무 전투적이기 때문이라고 하였다. 그래서 복음주의자들은 근본주의자들을 비판하면서 그들로부터 분리하였다. 그리고 사회 참여와 과학의 수용에 대해서 강조하면서 (신)복음주의 운동은 시작되었다. 이러한 (신)복음주의 운동의 시작에 대해서 조지 말스덴은 장로교의 신학파 (New School)의 신학적 전통을 언급하면서[121], "열려 있으며, 확장적이며, 긍정적 전도를 강조하는 것이다"고 평가하였다.[122] 이렇게 (신)복음주의 운동은 포괄적 복음전도에 초점을 두고 시작하였다. 그러면서 신복음주의 운동은 근본주의자들과 같이 전투적 자세를 취하기보다는 초교파적이며, 포괄적 자세를 취하게 된다. 이러한 복음주의는 제 2차 세계대전 당시 1942-3년에 "복음주의 연합회" (National Association Evangelicals)가 조직되면서 본격화되었다. 그리고 복음주의 운동이 더욱 박차를 가하게 되는 계기가 오켄가에게 일어났다.

오켄가는 라디오 전도자로 유명한 촬스 풀러를 만나게 된다. 두 사람 모두 전도의 긴급성을 인식하고, 세상은 불신앙으로 덮

---

121) 미국 장로교회는 1837년 구학파와 신학파로 분리된다. 분리되는 이유 가운데 구학파는 촬스 피니(Charles Finney)를 중심으로 일어난 부흥주의 (revivalism)를 반대하였다. 촬스 피니의 부흥주의는 테일러리즘 (Taylorism)에 영향을 받아서, 그 신학적 기저가 세미-펠라기안주의 (semi-pelagianism)였다. 신학파는 이러한 피니의 부흥 방법론을 지지하였고, 자신들은 실천적 펠라기안주의 (practical Pelagianism)의 입장이라고 하였다(Lewis Cheeseman의 Difference between Old and New School Presbyterians 1848. 참조).

122) George Marsden, *Reforming Fundamentalism: Fuller Seminary and the New Evangelicalism* (Grand Rapids: Eerdmans, 1987), 7.

여 있기 때문에 위기라고 생각하였다. 두 사람 모두 전도와 선교에 대한 열정이 있었다. 풀러는 선교를 위해서 신학교의 필요성을 절감하고 있는 상황에서 오켄가를 만난 것이다. 결국 두 사람의 같은 관심과 목적은 1947년 풀러신학교를 공동으로 설립하게 된다. 풀러신학교는 설립되면서 복음주의 교수들로 채워지는데, 교수들의 마음은 프린스톤 신학교와 같이 세우는 것이었다. 말스덴은 이 부분에서 풀러신학교와 프린스톤 신학교의 차이점은 프린스톤 신학교는 구학파인 반면에 풀러신학교는 신학파에 해당된다고 평가하였다. 그 근거로서 신학파는 부흥주의(revivalism)를 추구하였고, 전도에 더욱 강조를 두었기 때문이라고 하였다. 풀러신학교가 (신)복음주의 핵심기관으로 설립된 것은 분명하다. 그런데 그 신학적 기저는 칼빈주의 입장이기 보다는 교리적으로 보다 넓고(tolerant), 어떤 특정 교단에 속하지 않았다. 물론 오켄가 역시 감리교의 배경을 가지고 있었으며, 폴 리스(Paul Rees) 교수의 경우에 성도의 견인을 주장하는 칼빈주의를 반대하였다. 이러한 신학적 태도는 그 당시 대부분의 복음주의자들의 입장이었다. 그래서 풀러신학교 내에서 칼빈주의 입장을 가진 교수들은 낮은 칼빈주의(minimal Calvinism) 입장을 취하거나 혹은 자신의 신학적 입장을 드러내지 않았다.123) 1947년 풀러 신학교가 (Fuller Theological Seminary) 세워지고 교장으로 취임한 칼 핸리(Carl Henry)가 대표주자 역할을 하면서 복음주의 운동은 더욱 힘을 얻었다. 1949년에 "복음주의 신학회"(Evangelical Theological Society)가 조직

---

123) 전게서 pp. 119-120.

되고 같은 해인 1949년 빌리 그래함이 (Billy Graham) 활동을 시작하였다. 빌리 그래함의 사역은 풀러신학교가 위치하고 있는 파사데나의 인근이었던 로스앤젤레스에서 시작되었다. 그래함의 집회는 전국의 이목을 끌만큼 외형적으로 성공적이었다. 따라서 풀러신학교 학생들은 그래함의 전도집회를 도왔고, 그래함은 정기적으로 신학교에 와서 채플시간에 설교하였다. 그래함의 전도 집회가 성공적인 것을 목도한 오켄가는 그를 보스톤으로 초청하였다. 보스톤의 집회도 성공적이었으며, 따라서 그래함과 오켄가는 상당히 유명하여졌으며, 두 사람은 보다 가까워졌다. 이것을 계기로 풀러신학교와 빌리 그래함은 협력관계에 들어간다.[124] 그 당시 칼 헨리는 풀러신학교와 그래함의 연결에 대해서 매우 적극적이었다.

이 사건은 오켄가와 빌리 그래함의 신학적 동질성으로 인한 것으로서, 오켄가가 더욱 적극적으로 그래함을 끌어들이게 된 것이다. 그래함은 찰스 피니의 신학에 상당히 영향을 받은 전도자이다. 그래서 그는 제단으로 불러내는 것(Altar Calling)을 집회가운데 행하였는데, 그래함은 구원은 최종적으로 인간의 자유의지에 달려 있다고 가르치고 믿었기 때문이다. 그래서 결심을 하면 구원받는다고 전도 집회에서 말하면서 초청하는 것이다. 그래서 그는 전도 집회에서 결심을 촉구하였다(call for decision). 빌리 그래함의 전도 집회는 계속되어지는 성공으로 인하여 복음주의 운동을 전국적으로 확장하기 시작하였다. NAE 설립 이후에 풀러신학교는

---

[124] 전게서 p. 120.

신복음주의 운동에 있어서 구심점 역할을 하였다.

오켄가의 리더쉽 아래에서 출발한 (신)복음주의는 전도가 복음주의 운동의 중요한 도구가 된다. 더욱이 빌리 그래함의 전도 집회가 전국적으로 확산되었다. 빌리 그래함은 복음주의 운동의 핵심 인물 중의 하나가 되었다. 빌리 그래함의 사역은 초기부터 큰 성과를 거두었다. 그는 "결단의 시간"(Hour of Decision)이라는 잡지를 발행하고 "빌리 그래함 전도협의회"(Billy Graham Evangelistic Association)을 조직하였다. 그의 전도 캠페인은 모든 미국인들이 다 알 정도이며, 그로 인해 복음주의 운동은 널리 확산되었다. 빌리 그래함에 이어서 복음주의의 전도 운동에 영향을 준 것은 빌 브라이트의 대학생선교회(Campus Crusade for Christ)이다. 그는 1951년 UCLA에서 사역을 시작하였으며, 풀러 신학교 교수인 윌버 스미스(Wilbur Smith)의 도움으로 풀러신학교에서 가르치기도 하였다. 그의 대학생 선교회는 여러 가지 평신도 훈련프로그램과 사역으로 인하여 1970년대에 미국의 전국적인 주목을 받게 되었고 중요한 복음주의 기관 중 하나로 자리를 잡는다. 그는 전도를 강조하였는데, "공격적 전도"(aggressive evangelism)란 용어를 사용하였고 전도 메시지를 개발하여 1965년 "4영리"(Four Spiritual Laws)라고 하는 소책자를 출판하였다. 복음주의운동은 선교단체들이 계속 세워지면서 확장되었다. 이미 기존의 대학생 선교단체인 IVF와 함께 복음주의에 들어왔다. 1956년에 복음주의 운동의 확장을 위해 "크리스챠니티 투데이"(Christianity Today)지가 창간되었다. 이 잡지의 편집의 책임은 칼 헨리가 담당하였고, 운영의 책임은 빌리 그래함이 맡았다. 1966년에는 베를린에서 그리고 1974년에는 스위스 로잔에서 복음주의자들이 모여서 전도와 세계선교에 대한 국제적 대회를 열었다. 로잔대회는 빌리 그래함이 주도하였는데, 복음주의 운동의 세계화를 마련한 것으로 평가된다. 1974년의 로잔 대회에는 세계복음화를 위한 국제대회로서 150개국으로부터 2,473명이 참석하였다. 대회는 15개 분과로 나뉘어서 진행되어 졌는데, 복음주의와 전도의 불가분 관계를 천명하였다. 존 스토트 (John Stott)가 진행하였으며, 빌리 그래함도 역할을 하였다. 이 대회에서 복음과 사회참여에 대해서도 분과로 토의되어졌으며, 한편으로 전도의 성질에 대해서 논의되어졌다. 로잔 대회에서, 복음 전하는 것을 사건 (events)으로 간주하면서, "복음은 획기적인 결심 (radical decision)을 요구 한다"라고 말하면서 그것은 회개와 믿음" 이라고 부연 설명한다. 복음 전하는 방식에 있어서는 "실재" (presence), "대화" (dialogue)와 "선포" (proclamation)에 강조를 두고 있다. 한편으로 설득을 전도의 목표로 간주하고 있다. 그리고 전도의 결과로서 그리스도에게 순종과 교회에 가입하는 것과 세상에서의 책임있는 봉사를 언급하였다. 로잔 언약에서의 전도에 대한 정의로부터 복음주의의 신학적 입장을 알 수 있는데, 빌리 그래함의 신학과 연속성에 있는 것이다. 즉 복음전하는 자의 설득과 복음을 듣는 자의 의지의 결정이 상당히 중요한 요소가 되는 것이다. 이렇게 1970년대에 복음주의의 영향력은 더욱 강력하여진다. 한편으로 복음주의 선교단체들이 크게 일어나 복음주의에 영향력을 미치게 되었다. 이와 같이 복음주의 기관들과 선교단체 조직들이 조직되고 성장함으로써 미국의 복음주의는 대중의 주목을 받았다. 따라서 1950년대부터 1970년대의 복음주의 운동은 "전도"(evangelism)에 중점을 둔 운동이라 할 수 있다. 왜냐하면 복음주의자들은 대중전도(mass evangelism), 전도대회(crusade)라는 수단과 용어를 사용하였으며, 수많은 전도단체와 조직이 설립되었기 때문이다.

1960년대 이후 복음주의 운동에 영향을 미치는 교회성장운동을 위한 기관이 풀러신학교에서 세워진다. 1965년 도날드 맥가브란(Donald McGavran)의 교회성장 연구소를 풀러신학교로 옮겨서 선교대학원(School of World Mission and Institute for Church Growth)을 시작한다. 이로써 "교회성장"(Church Growth) 운동은 복음주의의 중요한 위치를 차지한다. 1974년 로잔 언약에서도 교회성장이 강조되었다. 교회성장 운동은 맥가브란에 의해서 개발되었는데, 그의 생애와 사역의 철학은 "보다 효과적으로, 그리고 보다 빠르게 전도가 일어나게 하는 것"이었다. 이러한 그의 사상은 "하나님의 다리"(The Bridge of God, 1955)와 "어떻게 교회가 성장하는가"(How Churches Grow, 1959)에 잘 나타나 있다. 그는 전도 혹은 선교라는 단어를 피하고 교회와 성장이라는 단어를 조합하여 사용하였다. 그리고 교회 성장을 위해서 4가지 원칙을 제시하였다: 1) 하나님께서 자신의 잃은 양들을 찾기 원하신다. 2) 우리의 선택된 방법은 반드시 사실에 근거한다. 3) 모든 자료들을 영혼 건지는 일에 쏟아부어라. 4) 사람들은 자신의 사람들과 함께 있기를 원하기 때문에 그렇게 하도록 하라. 4가지 원칙을 말하면서 맥가브란이 중요시하는 것은 교회가 반드시 성장하여야 하며 그것은 하나님의 뜻이라는 것이다. 그래서 맥가브란은 교회성장은 숫자적 성장에 우선순위가 있으며, 성장은 질을 향상시킬 것이라고 하였다. 숫자의 결과들은 효과적인 전도의 여부를 결정짓는 것이라고 하였다. 따라서 반드시 교회 성장을 위해서 실용적인 전략이 있어야 한다는 주장을 하였다. 이것을 거룩한 실용주의 (consecrated pragmatism)라고 불렀다. 특히 맥가브란은 사회학 (sociology)을 교회 성장에 있어서 중요한 도구로 간주하였는데, 사회학은 교회가 새로운 사역에서 어떻게 번성하는 가와 교회가 어떻게 재생산하며, 어떻게 그리스도인의 믿음을 전달하고, 국가에 어떤 영향을 미치는 가에 대한 이해에 절대적으로 필요한 도구라고 생각하였다. 그래서 맥가브란은 하나님의 뜻은 반드시 항상 사회학적으로 해석되어야 한다고 주장한다. 맥가브란은 사회학과 함께 문화인류학도 중요하게 여겼다. 이것은 교회성장 패러다임에서 중요한 사회과학이다 라고 하였다. 교회성장을 위해서 신학이 아닌 과학적 접근을 시도한 것은 그 당시에 획기적인 것이었지만, 결국 맥가브란의 실용주의는 미국 복음주의의 핵심으로 자리를 잡게 되었다고 말스덴은 평가하였다.

맥가브란의 교회 성장운동의 목표는 짧은 시간에 최대한의 숫자 성장을 이루는 것이다. 무엇보다 그는 수많은 사람들이 한꺼번에 예수를 믿겠다고 작정하는 일이 일어날 것이라고 생각한다. 그래서 이것을 위해 사회학과 문화인류학을 수단으로 해서 "피플 무브먼츠" (People Movements)라는 것을 개발하였다. 이 이론은 집단 속에서 수많은 개개인이 상호 의존하는 가운데 연속적으로 예수를 믿기로 결심하는 것을 말한다. 물론 이때 예수를 믿기로 결심한 것을 회심으로 간주한다. 여기서 맥가브란은 피플 무브먼츠와 집단 회심을 구별하기 위해 수많은 개개인이라는 단어를 사용한다. 집단 회심일 경우, 그 개개인의 회심에 대해서는 피상적일 수밖에 없기 때문에, 의도적으로 '수많은 개개인'이라는 단어를 사용하여, 외형적으로는 집단 회심과 같을지라도 그 내용은 다르다는 것을 말하고 있으며, 개개인이 상호 의존하여 회심하는 것을 강조하고 있다.

교회성장 운동의 피플 무브먼츠는 피터 와그너에 의해서 더욱 개발된다. 1979년 피터 와그너는 그의 책 "우리와 같은 사람"(Our Kind of People)에서 사회학의 이론인 동질성 단위 (Homogeneous Unit Principle)이론을 교회성장운동에 도입한다. 이 이론의 유용성과 실제성을 증명하기 위해서 맥가브란은 1979년 "인종의 실체"(Ethnic Realities)를 출판한다. 동질성 단위 이론은 유사한 상징과 관습, 습관이 비슷한 사람과 같이 모이게 되면 마치 가정과 같은 편안한 느낌을 가지게 되며, 그러한 그룹에 속해 있는 개개인은 서로를 쉽게 받아들인다는 이론이다. 그리고 이러한 그룹 내에서는 원만하고 의미 있는 의사소통이 일어나는데 그 이유는 의사소통에 있어 서로 교환하는 신호가 상호 이해 가능한 것이기 때문이라고 주장한다. 그래서 사람들은 서로에게 끌리고, 편안한 느낌과 안전감을 갖게 된다는 것이다. 교회성장을 위해서 동질성 단위를 파악하며, 동질성 단위를 조성하여 불신자들이 회심하도록 이끄는 것이 이 원리의 적용 목표이다. 의사소통의 극대화와 효율화를 통하여 전도하는 것이 이 원리의 주안점이다.

맥가브란과 와그너에 의해서 인도되었던 교회성장운동은 1980년대 후반에 이르러 칼 조오지 (Carl George)에 이르게 되면서 더욱 개발되어진다. 조오지는 "촬스 풀러 전도와 교회성장 연구소" (Charles E. Fuller Institute of Evangelism and Church Growth)의 책임자로서 보다 큰 성장을 위해서 원리와 방법을 제시한다. 조오지는 로버트 로간 (Robert Rogan)과 함께 1987년 "당신의 교회를 인도하고 경영하는 원리와 방법" (Leading and Managing Your Church)라는 책을 출판한다. 이 책의 서문을 쓴 피터 와그너의 글을 보면 그의 교회성장이론을 알 수 있다. "어떻게 현대의 경영 이론을 경건한 자, [특별히] 그리스도인 지도자에게 적용하겠습니까? 이 질문에 대해 대답하기 위해서 나는 칼 조지와 밥 로간 보다 뛰어난 사람을 알고 있지 않습니다." 물론 저자들 자신도 이 책은 경영의 원리들을 교회성장을 위해서 실용화 혹은 극대화하는 것이라고 밝히고 있다. 그리고 목회자의 역할에 있어서 경영자의 역할을 강조하고 그로 인하여 교회 성장을 이룰 수 있다고 강조한다. 조오지는 1993년에 "교회성장의 방해물 부수기" (How to break growth barriers) 라는 제목으로 책을 출판하는데, 이 책에서 교회성장의 목표를 이루기 위한 방법들을 제시하고 있다. 교회 성장을 위해서 우선 목회자가 하나님께서 백성들을 어떻게 인도하실 것에 대한 거룩한 상상 (holy imagination)을 한 다음, 확실한 수준의 테크닉 (having a certain level of technique)을 가져야 한다고 주장한다. 그래서 그는 목회자가 기술을 개발해야 한다고 역설한다.

1980년대 중반까지 교회 성장학과 운동은 사회학과 인류 문화학에 뿌리를 두고 있었지만, 1980년대 후반에 이르면서 교회성장운동은 경영학을 도입하여 이론과 실천을 제공하기 시작하였다. 이러한 교회 성장운동은 시장주도형 (market driven church)교회들로 만들어 가고 있다. 덴버 신학교의 교회사 교수인 부르스 쉘리 (Bruce Shelly)는 이러한 교회 성장운동으로 인하여 "세례교인" (church membership)의 의미가 바뀌어졌으며, 예배의 스타일이 바뀌어졌고, 사람들을 즐겁게 하는 설교로 대체되었다고 지적한다.

결국 오켄가의 지도력 아래에서 출발한 신복음주의 운동은 신학파에 가까운 넓은 포괄적 복음전도와 구원에 있어서 자유의지에 강조를 둔 빌리 그래함, 그리고 교회 성장을 위한 실용주의가 그 신학적 핵심과 기저를 이루게 되었다.[125] 이러한 복음주의의 신학의 정체성에 대해서 신학적 논지를 펼친 학자로서 웨스트민스터 신학교의 변증학 교수인 코넬리우스 반틸 (Cornelius Vantil)을 들 수 있다. 그는 1955년 그의 책 변증학 (The Defence of the Faith)에서 복음주의 신학에 대해서 논지를 폈다. 특별히 복음주의자들의 복음을 전하는 메시지와 방식에 대해서 신학적으로 평가하였다. 반틸은 복음주의에서 복음을 전하는 메시지와 방식에 대해서 잘 알고 있었다. 그는 복음주의에서 행하는 전도에 대해서 다음과 같이 비유하였다: "나는 거듭난 사람입니다. 그리고 당신도 오직 믿기만 하면 마찬가지로 거듭날 수 있습니다. 부디 하나님을 믿

---

125) 전게서 p. 243.

으시고 거듭나 구원 받으시기 바랍니다." 126) 반틸은 이러한 복음주의의 신학적 태도를 "인간 개인 개인이 최종적이며 궁극적인 결정권을 가질 수 있는 여지를 남겨 두기 위해서 하나님의 활동들을 다분히 보편주의적 구원의 각도에서 보려고 애쓰고 있다"고 하였다. 127) 복음주의자들이 구원은 인간의 자유의지의 결정에 달려 있는 것을 강조한 것에 대한 그의 평가이다. 반틸은 이러한 복음주의 신학의 정체성을 말하기 위해서 복음주의 노선의 변증학자인 버틀러의 논증법을 그 예로 드는데 다음과 같다.

> 버틀러는 신학적으로 알미니안적 견해를 견지하고 있다. 따라서 그는 자연인이 이성을 올바로 사용하기만 하면 자연 만물의 형성 본질과 그것이 나아가는 과정 모두를 바르게 알고 또 해석할 수 있는 것으로 믿는다. 더 나아가서 그는 만일 자연인이 성경이 그리스도에 대해서와 그가 하신 일에 대해서 말하는 모든 사실에 대하여서도 똑같이 이성을 올바로 사용하기만 하면 그 자연인은 거의 누구나 그리스도인이 될 것이라고 주장한다. 128)

계속해서 반틸은 그의 책 제 10장에서, 복음주의를 미스터 그레이 (Mr. Grey)로 비유하면서 복음주의 신학의 정체성에 대해서 설명한다. 그리고 복음주의자의 신학자들 가운데 대표격에 해당되는 풀러신학교의 변증학 교수인 에드워드 존 카넬의 복음 전도에 대한 논증을 언급하고 있다. 카넬은 불신자에게 복음을 전할

---

126) 코넬리우스 반틸, 변증학, 신국원 역, (서울: 기독교문서선교회, 1985), 303.
127) 전게서 p. 104
128) 전게서 p. 105

때 불신자들의 사고 체계 내에서 어떤 접촉점을 찾아 증거하는 것이라고 평가한 후에 그것은 카넬의 인간의 자유의지에 대한 개념으로부터 나온 것이라고 하였다.129) 반틸은 이러한 복음주의자들의 신학은 알미니안주의라고 말하면서, 알미니안주의의 대속적 구속의 개념은 '자유의지'에 관한 견해로 채색되어 있다고 설명한다. 결국 복음주의자들의 주장은 인간에게 주어진 구원이 단지 구원의 가능성일 뿐이라는 것이다. 이것에 대해서 반틸은 다음과 같은 예를 들어 설명한다.

> 내가 당신의 은행 구좌에 백만불을 예금해 두었다고 가정해 보자. 그러나, 그 돈이 당신 것이라 믿고 이제 그 돈을 꺼내어 당신 집 마루바닥에 깔린 너덜너덜한 낡은 카페트를 걷어내고 페르샤의 새 카페트를 사서 까는데 쓰고 안 쓰고는 오로지 당신에게 달린 일이다. 이와 같이 알미니안주의의 견지에 따르면, 이 모든 것들의 가능성 자체가 하나님께 전적으로 달려 있는 것이 아니라 적어도 어떤 영역에 있어서 만큼은 인간에게 달려 있는 것으로 간주한다. 그리스도께서 우리를 위하여 하신 일의 효력이 지금 우리들이 무엇을 하느냐에 의하여 좌우되게끔 만들어진다.130)

반틸은 복음주의자의 구원론이 신인협동설(synergism)에 근거하고 있는 것을 잘 파악하고 지적하였다. 반틸 이후에 복음주의 구원론에 대한 평가는 최근에 들어서 다시 일어나기 시작하였다. 스프롤(R. C. Sproul)은 1996년 "기꺼이 믿는 것"(Willing to believe)이

---

129) 전게서 p. 274
130) 전게서 p 281.

라는 작품에서 복음주의의 구원론에 대해서 다루었다. 그는 복음주의 구원론이 인간의 자유의지의 무능을 거부하고 있다고 말하였다. 또한 그는 복음주의 구원론은 세미-펠라기안주의 신학에 근거하였다고 평가하였다. 그 근거로서 복음주의 구원론은 신인협동설을 지지하고 있기 때문이라고 하였다.[131]

복음주의 운동에서 중요한 역할을 감당하고 있는 빌리 그래함의 신학을 보면 복음주의의 신학적 태도가 더욱 분명해진다. 그래함은 찰스 피니의 신학을 20세기에 꽃 피운 장본인이다. 빌리 그래함 자신은 찰스 피니에 대해서 미국 역사상 가장 위대한 인물 중 하나라고 격찬을 아끼지 않았다.[132] 찰스 피니의 뉴 헤븐 신학에 영향을 받은 인간 중심적 구원론은 이미 앞에서 살펴 본 바 있다. 이러한 잘못된 것을 빌리 그래함이 온 복음주의 교회에 퍼트렸다. 그의 전도 집회에서 즉각적 응답(Altar Calling)을 요구하고, 또 일어서거나 강단 앞에 나온 자들에게 즉각 구원을 선포한다. 그래함의 이러한 신학은 그의 성령론, 특히 중생에 대한 이해를 보면 알 수 있다. 그래함은 "우리가 예수 그리스도를 영접할 때 하나님은 우리를 개조시킨다"고 말한다.[133] 그는 계속해서 "당신과 내가 그리스도를 영접하는 순간 우리는 성령이 주시는 중생으로 인해서 새 본성을 얻었다"라고 말한다. 그래함은 더 나아가서 거듭나는 방법을 제시한다. 1) 당신이 죄인이라는 것을

---

131) R. C. Sproul, *Willing to believe* (Grand Rapids: Baker, 1997), 23, 24.
132) Iain H. Murray, *Revival and Revivalism* (Banner of Truth Trust 1994) p. 298.
133) 빌리 그래함, 성령론, 전민식 역, (서울: 엠마오, 1995), p. 60.

실감하라 2) 하나님이 당신을 사랑하시기 때문에 당신을 위해서 그의 아들을 보내어 죽도록 하셨다는 것을 실감하라 3) 당신의 죄들을 회개하라 4) 그리스도를 믿어라.[134] 빌리 그래함은 결심 중생론을 따르고 있는 것이다. 내가 예수를 믿기로 작정하면 그 때부터 성령께서 중생시킨다는 원리이다. 그래서 중생하기 위한 방법들을 제시하고 있다. 그가 제시하는 방법들은 심리적인 것에 불과하다. 정작 성령께서 영혼 위에 일하셔서 발생될 수 있는 효과들을 마음으로 느끼라고 제시한다. 중생은 우리의 방법으로 되는 것이 아니다. 성령의 전적인 역사이다. 그리고 성령께서 우리의 영혼을 거듭나게 하셔야 그때 비로서 회개와 믿음으로 그리스도를 영접하는 것이 가능하다(요 1:13). 그런데 그래함은 내가 그리스도를 영접할 수 있도록 4가지 방법들로서 마음에 느끼고 결국 결심을 하면 그때 성령께서 중생케 하신다는 것이다. 이러한 방법론들은 실로 변화되지 않은 교인들, 낮은 수준의 교인들, 입술로만 고백하는 세상적 그리스도인의 생산이 불가피하다. 이렇게 양산된 교인들에게 죄와 피 흘리기까지 싸우는 것은 기대 조차 할 수 없다. 그런데 복음주의 교회들이 빌리 그래함의 영향을 받아 이것을 열심히 그들의 목회와 전도 집회에서 행하고 있다. 일찍이 1966년 빌리그래함을 중심으로 복음주의자들이 베를린에서 회의를 열었을 때 빌리 그래함이 마틴 로이드 존스에게 회장직을 맡아 줄 것을 요청 했을 때 로이드 존스는 빌리 그래함의 Altar Calling 을 그만두지 않는 한 받아 들일 수 없다고 말하면서

---

134) 전게서 pp 70-74.

거절하였다.135) 이것은 복음주의자들이 만들어 낸 여러 형태의 전도방법 (Canned Evangelism) 에서도 볼 수 있는 것들이다.136)

복음주의 운동에서 전도운동과 함께 중요한 운동으로서 교회성장운동에서 나타난 구원론도 이미 언급한 것과 마찬가지이다. 맥가브란의 피플 무브먼츠 (people movement)에서 강조하는 것은 그룹의 회심인데, 그는 이것을 "다중적 개인이 서로 의존된 결정" (multi-individual interdependent decision)이라고 부른다. 이 용어로부터 교회성장운동의 구원론을 알 수 있는데, 결심을 중생으로 보는 것이다. 이것을 결심 중생 (decisional regeneration)이라고 부르는데, 이것은 빌리 그래함이 제단으로 불러내는 (altar calling) 프로그램의 신학적 전제가 되는 것이다. 웨스트민스터 신학교 상담학 교수이었던 제임스 아담스 (James Adams)는 결심 중생과 제단으로 불러내는 것은 복음주의 교회임을 나타내는 반드시 필요한 표식 (necessary mark)이라고 평가하였다.137) 아담스는 이러한 방식과 신학의 뿌리를 찰스 피니로부터 온 것으로 말한다. 복음주의 신학자로서 복음주의에 대한 신학적 평가에 있어서, 도날드 데이톤 (Donald Dayton)은 말하기를 이것은 역사적으로 혹은 신학적으로 장로교의 신학에 영향을 받았다기 보다는 알미니안과 웨슬레 신학, 특별히 오순절 신학 (Pentecostal)에 영향을 받았다고 평가를 한다.138) 물론 말스덴은 풀러신학교 역사를 다루면서 (신)복음주의

---

135) Iain H. Murray, *Pentecost-Today* (Banner of Truth Trust 1998) p. 51.
136) 대학생 선교회의 4영리 전도방식도 마찬가지이다.
137) James Adams, *Decisional Regeneration* (Pensacola: Chapel Library, n.d.), 4.

는 장로교의 신학파 (New School)의 영향을 받았다고 말한바 있다. 그러나 두 신학자의 평가는 구원론에서 볼 때 충돌되지 않는다. 신학파가 실천적 펠라기우스주의를 견지하였기 때문이다. 이들의 평가에 더하여서 최근에는 클라크 피녹 (Clark Pinnock) 교수의 경우, 복음주의 신학에서 알미니안주의의 위상을 높이기 위해서 투쟁하고 있는데, 그는 이것을 "자유의지 유신론" (free will theism) 이라고 부르고 있다.139)

복음주의 운동의 신학적 정체성은 복음주의자들의 대회인 로잔 언약을 통해서도 확인할 수 있다. 로잔 언약은 스스로 복음주의자라고 하는 자들의 신학적 확신이기 때문이다. 로잔 언약은 W.C.C.에 대항하여 복음을 전하자는 골자로 모였다. 그런데 로잔 언약의 약점은 풀러 신학교의 교회 성장학에 직접적 영향 받음으로 인하여140) 그리고 복음주의의 특성으로 인해 신학적으로 선명하지 못하고 흐리 멍텅한 것에 있다.141) 왜냐하면 복음주의자들은 연합이라는 대 명제 아래에서 서로 모두 신학을 포기하기 때문이다. 그러나 신학은 실로 중요하다. 왜냐하면 하나의 예로, 로마 가톨릭도 예수를 말하고 성부 하나님을 말한다. 그러나 그 신학체계가 실로 종교 개혁자들과 다르다. 따라서 건강한 기독교

---

138) Donald Dayton, *The Limits of Evangelicalism in The Variety of American Evangelicalism* (Downers Grove: InterVasity Press, 1991), 51.
139) Gary Dorrien, *The Remaking of Evangelical Theology* (Louisville: Westminster John Knox Press, 1998), 175.
140) Arthur Johnston, *The battle for world evangelism* (Tyndale 1978) p. 327.
141) 전게서 326페이지.

는 신학 없이 생존 할 수 없는데 복음주의 운동은 신학을 거의 무시하자고 한다.142) 결국에 복음주의 우산 아래에서 서로 공존 할 수 없는 하나님 중심사상과 인간 중심사상이 서로의 함구 아래 공존하게 된다. 따라서 당연히 인본주의인 알미니안주의자들이 결국 득세하게 되어 있다. 예를 들면 복음주의 내에서 최근의 알미니안주의자인 클락 피녹 (Clark Pinnock) 과 리챠드 라이스 (Richard Rice) 의 득세가 바로 그 증거이다.143) 왜냐하면 이는 인간의 죄 된 속성으로 인해 인간적인 것을 더욱 좋아 할 수 밖에 없기 때문이다. 그래서 이들은 후기 현대주의를 발흥시켜서 다원주의를 만들어 내고 유니버살리즘을 다시 부흥시켜 죄에 대한 새로운 이해와 지옥이 없다고 말하는 복음주의자들도 나타나게 되었다. 예를 들면 클락 피녹은 죽음 후 회심이라는 이론을 내세워 복음화 되지 못한 죄인들이 죽음 이후에 하나님의 은혜로 구원 받을 수 있다고 주장한다.144)

현대 복음주의 운동은 성경적인 교회관을 무너트리는 신학적 원인을 제공하였다. 오켄가와 칼 헨리에 의해서 미국 (신)복음주의가 시작될 때 근본주의에 대한 반작용으로, 그들은 사회과학과

---

142) Gary L. Johnson, "Does Theology still matter?" in *The Coming Evangelical Crisis*, John Armstrong ed. (Moody 1996) pp. 57-58.
143) Clark H. Pinnock ed., *The Grace of god, the Will of man* (Zondervan 1989) 이 책에서는 현대 알미니안주의자들인 I. Howard Marshall, Grant Osbone 등의 글들을 싣고 있다. 복음주의내에서 알미니안주의의 활동의 심각성을 지적한 글로서 Robert Strimple, "What does god know?" in *The Coming Evangelical Crisis*, John Armstrong ed. (Moody 1996) pp. 139-153.
144) Robert A. Peterson, *Hell on trial* (P&R 1995) pp. 150-152.

문화에 대해서 문을 열었다. 풀러 신학교는 세워질 당시부터 세상의 기준을 중요시하여 교수의 채용과 급여 등으로 말이 많았다. 그러나 내용적으로 보다 심각한 것은 그들이 사회학 (Sociology), 인류학 (Anthropology), 심리학 (Psychology) 의 발견들을 가지고 신학 또는 선교학을 하고자 하는 것이다. 즉 일반계시를 도구로 해서 특별계시를 다루자는 것인데 그 순서가 반대로 된 것이다. 이러한 접근 방식 때문에 이들은 쉴새 없이 계속 신학적 오류 투성이인 이론을 만들어 내고 있다. 직접적 예를 들면 선교학 교수인 촬스 크래프트 (Charles Kraft)는 역동적 동등모델 (The Dynamic Equivalence Model)을 만들어 수용자 중심 (Receptor-oriented) 복음을 만들었는데 이는 지독한 상대주의 (relativism)에 근거를 두고 있다. 예를 들면 하나님의 심판은 계시된 하나님의 객관적 진리에 의해서가 아니라 이미 수용자가 이해하고 있는 것에 근거한다고 주장한다.[145] 이뿐 아니라 실용주의를[146] 근본으로 하고 사회과학을 (특히 사회학, 인류학) 수단으로 해서 교회 성장학 운동을 일으킨 도날드 맥가브란 (Donald McGavran)은 동질성 단위 원리 (Homogeneous Unit Principle)를 만들어 냈다. 그는 3대째 내려온 선교사 자녀로서 그가 인도에서 30년 이상 있으면서 얻은 결론으로, 즉 인도에서의 신분제도 (Cáste System) 와 그 인종의 복잡성 속에서 분리된 단위의 그룹 안에서 복음을 전하여야 효과적이라는 것이

---

[145] Charles Kraft, *Christianity in Culture* ((Orbis 1979) p 250. 더욱이, Dye 의 경우 "우리가 알고 있는 범위 내에서 죄가 결정이 되어 우리가 알고 있는 범위내에서 하나님께서 심판한다" 라고 말한다.
[146] 그들은 숫자와 당장에 눈에 나타나는 효과에 집착해 있는 자들이다. Robertson McQuilkin, *How biblical is the Church Growth Movement* (Moody 1973) 참조.

그 골자이다. 인도의 이러한 신분제도는 1850년 이후 인도에서 부흥이 일어나면서 서방 선교사들이 개혁하려다 타협함으로 실패하여 지금까지 내려오는 것인데 맥가브란은 아예 복음이 인간이 만든 벽을 허물 수 있는 것을 포기하고 단지 눈앞의 효과에만 집착하여 이러한 이론을 만들어 냈다. 따라서 그의 이론에서 회심이라는 것은 진정한 심령의 변화가 아니라 단지 교회화하는(Churchnizing) 것에 불과하다.[147]

복음주의 운동은 교회를 이해하는 것에 있어서 신학이 아니라 사회과학을 수단으로 해서 교회를 분석하고, 그것에 따라 목회 방법들이 계발되었다. 이러한 복음주의 동향에 대해서 일찍이 리챠드 큐베듁스(Richard Quebedeaux)는 1976년 "세상적인 복음주의"(The Worldly Evangelicalsim)의 책에서 그 위험성을 고발하였다. 그가 언급한 복음주의의 위험성으로는 1) 성공지상주의, 2) 세상 물정에 능하고, 3) 과학에 크게 문을 열어놓으며, 4) 넓은 문화 분석과 함께 세상적 문화 수용, 5) 세속사회의 성향을 수용, 6) 지금 현재를 더욱 중시, 7) 하나님에 대한 세속적 이해, 8) 보편주의, 9) 자유주의자들과 협력, 10) 넓어지는 신학 이었다.[148]

복음주의 운동의 세속화에 대한 경고에도 불구하고 복음주의를 표방하는 교회들이 더욱 인간중심으로 그리고 상대주의를 원

---

147) Bruce Fong, *Racial Equality in the Church* (University Press of America 1996) pp. 138-141.
148) Richard Quebedeaux, *The Worldly Evangelicals* (San Francisco: Harper Collins, 1976)

칙으로 삼아 "구도자를 위한 예배"(Seeker's Movement)를 만들어 내기도 하고, 예배를 인간의 감정을 부추기는 것과 흥미위주로 타락시키고 있으며[149] 내적치유라는 이름 아래에서 영적치유가 아닌 심리치료(Psychotherapy)를 행하고 있다.[150] 마이클 호톤은 (Michael Horton) 이러한 그들의 경향에 대해서 "구원으로부터 자기 존중으로" 바꾸었다고 평하고 있다.[151] 디지 하트(D. G. Hart)도 복음주의의 이러한 성향에 대해서 말하였는데, 사회과학이 미국 복음주의를 세우는 것에 중요한 요소가 되었으며, 사회과학은 복음주의 신학의 뼈대에 살을 붙여놓았다고 평가한다. 사회과학을 수단으로 하여 교회성장을 이루려는 목표는 교회의 예배 스타일을 비롯하여 교회의 회원(세례교인)의 기준과 목회자의 기능 및 위치를 변경시킴으로 전통적인 교회의 개념을 잠식하였다. 이러한 현상에 대해서 스탠리 그랜즈는 복음주의 신학에서 교회론은 의붓자식처럼 무시되고 있다고 말하였다.[152] 사회과학에 의해 신학은 소외 당하면서 전통적인 교회론은 복음주의자들에 의해 무너져 내리고 있다. 이러한 복음주의의 태도로 인하여 교회 내에서 일어나는 일들에 대해 골든 코넬 신학교의 조직신학교수인 데이비드 웰스(David Wells)는 바바라 내취맨(Babara Nachman)의 글을 다음과 같이 인용하였다.

---

149) John F. MacArthur, "How shall we then worship" in *The Coming Evangelical Crisis*, John Armstrong ed. (Moody 1996) pp. 175-187.
150) David Powlison, "How shall we cure troubled souls" in *The Coming Evangelical Crisis*, John Armstrong ed. (Moody 1996) pp. 207-225.
151) 마이클 호톤의 미국제 복음주의를 경계하라 151-186페이지.
152) Stanley Grenz, *Revisioning Evangelical Theology: A Fresh Agenda for the 21st Century* (Downers Grove: InterVasity Press, 1993), 165.

실질적으로 목회자가 하는 모든 일은 세속의 사본이다. 설교는 세속의 가르침과 상담을 흉내내는 것이며, 전도는 외판원을 흉내 낸 것이다. 목회 상담은 사회보장 상담원의 노력을 흉내 낸 것이고, 교회 의식은 법정의 형식적 절차를 흉내 낸 것이다. 그리고 교회 프로그램의 진행은 세속의 조직들의 무수한 경영방식을 흉내 냈다.[153]

최근의 복음주의는 교회성장 운동에서 보는 바와 같이 시장경제의 정신 (marketing ethos)에 빠져 있음으로 교회론은 더욱 심각하게 무너졌다. 남침례교 신학교 학장인 알버트 몰러 (Albert Mohler)는 이러한 현상에 대해서 복음주의의 교회론의 위기라고 언급한 후, "너무 많은 경우에 교회는 점점 더 세상과 같이 보인다"라고 평가하였다.[154] 웰스는 이러한 현상에 대해서 다음과 같이 말한다.

> 많은 교회들이 자신들의 회중 안에 있는 느낌 욕구 (felt needs)를 충족시키고자 한다. 마치 비즈니스가 자신의 상품을 시장의 요구에 맞추는 것과 같다. 다른 말로 말하자면, 교회는 어떤 사람이 문을 열고 들어올 때 그를 소비자로 보는 것과 어떤 사람이 자신의 필요 욕구에 따라서 상품을 고르는 생각들을 인정하고 있다. 물론 상품은 교회의 활동들과 경험들, 문화적 설비들, 그리고 교회의 메시지이다. 그러나 오늘날 교회 문을 열고 들어오는 사람들이 생각하는 것은 그리고 그들이 가장 중요하게 원하는 것은 개인의 구원이 아니다.[155]

153) David Wells, *No Place for Truth* (Grand Rapids: Eerdmans, 1993), 237. 웰스는 복음주의가 세속의 문화에 영향을 받아서 신학이 사라지고 있다고 평가하고 있다.
154) Albert Mohler, *Evangelical: What's in a Name in The Coming Evangelical Crisis* (Chicago: Moody, 1996), 41.

웰스는 계속해서 지적하기를 20세기의 자유주의자들이 문화적 성공을 하나님 나라와 동일시한 것과 같이, 복음주의자들이 추구하는 것은 문화적 성공이며, 이것에 더하여 교회의 성공적인 기업화라고 지적하였다. 웰스가 "피흘리는 복음주의 교회"에서 지적하고 있는 것은 복음주의 교회의 마켓팅 풍조로서 목회는 비지니스로, 교인은 고객으로 보고, 그들의 느낌 욕구를 만족시키기 위해 분주하다는 것이다. 이것 외에도 웰스는 복음주의 교회의 특징으로서 "개인적 웰빙"(personal well-being), 직업화(professionalized)를 그 예로 들었다. 결국 이러한 복음주의의 모습으로 인하여 교회 내에서는 피상적으로 중생을 경험한 자들이 넘치고, 신학이 실종되며, 하나님 중심성이 실종되었다고 하였다.

현대 복음주의 운동의 또 하나의 위험성은 정통의 교리들을 무시하는 현상에 있다. 칼 트루만(Carl Truman)은 이러한 현상을 복음주의가 20세기 초의 자유주의가 갔던 그 길을 똑같이 따라가고 있다고 평가하였다. 그는 그레샘 메첸의 "자유주의와 기독교"(1923) 작품을 가지고 오늘날의 복음주의를 다음과 같이 평가하였다: 1) 자유주의자들은 기독교가 교리의 시스템이 아니라 삶의 방식이라고 주장하였다. 오늘날 복음주의자들은 교리의 중요성을 내어버리고, 단지 느낌과 감상적인 것에 초점을 두고 있다. 오늘날 복음주의는 교리에 대해서 부관심하다. 교단의 정체성도 잃어가고 있다. 초교파 운동이 일어나고 있다. 신학적 정체성이 모

---

155) David Wells, *The Bleeding of the Evangelical Church* (Edinburgh: The Banner of Truth Trust, 1995), 3.

호한 선교단체들이 크게 활동하고 있다. 그들은 그리스도를 사랑한다고 말하지만 그리스도에 대해서 모르고 있다. 2) 자유주의자들은 죄로부터 구원을 부정하였다. 오늘날 복음주의는 죄를 설교하지 않는다. 단지 예수를 믿으면 건강하게 되고, 부자가 될 수 있다고 말한다. 죄의 부담에서 벗어나기 위해서 심리 치료를 받고 있다. 자족이 더 이상 그리스도인의 덕이 아니다. 웰빙, 성공, 행복과 같은 단어가 죄의 용서, 죄로부터 자유보다 더 중요한 교회의 언어가 되었다. 3) 자유주의자들은 그리스도의 신성을 부정하였다. 자유주의자들에게 있어서 예수님은 삶의 모범에 불과하였다. 예수님을 박애주의자로 제시하였다. 오늘날 복음주의자들은 그리스도의 신성을 감춘다. 교회 밖의 사람들을 위해서 십자가를 말하지 않는다. 교회 밖의 사람들의 느낌을 편안하게 하도록 문화센터로 포장하고 있다.[156]

이러한 복음주의 성향에 대해서 웰스 (David Wells)는 "신학실종"(No place for truth)에서 그 원인들을 설명하였다. 참된 교회와 참된 신자를 세우기 위해서는 정통의 사도의 가르침 혹은 올바른 교리가 필수적인데 오늘날의 복음주의 교회들은 이것을 무시해 버리고 있다고 하였다. 이것을 웰스는 신학의 실종이라고 하였다. 신학의 실종의 증거로서 신조가 교회에서 사라지고 있으며, 문화에 대해서 무비판적 수용, 신앙의 덕목들이 성공이라는 단어로 대체되었으며, 경건과 거룩함을 추구하는 것에서 심리학이 제

---

[156] Carl Trueman, *Christianity, Liberalism and the New Evangelicalism Lessons from J Gresham Machen* (Bristol: Onesimus Books, 2002).

공하는 웰빙으로 대체되었다고 지적하였다. 웰스는 결국 이러한 실용주의로 인하여 목회자는 신학자와 설교자에서 심리학자나 경영자로 대체되었다는 것이다. 복음주의는 현대성과 대중성의 지배를 받는 운동이 되어버려서 신학 실종을 더욱 부추기고 있으며, 그것으로 인하여 하나님의 거룩성을 잃어버리고, 결국에는 하나님을 이용하여 사업 (business)을 하는 것으로 전락되었다는 것이다. 하트 (D. G. Hart)는 "파괴적인 복음주의" (Deconstructing Evangelicalism: Conservative Protestantism in the Age of Billy Graham)에서 복음주의에 대해서 다음과 같이 평가하였다. 1) 복음주의는 신학이 너무 넓고 깊이가 없어서 무엇에 관심과 초점을 두고 있는지 확인이 되지 않는다. 2) 복음주의에는 신조가 없다. 무엇이든지 다 받아들인다. 3) 복음주의는 전통을 거부한다. 현대 복음송 (CCM)을 받아들이고, 전통적인 예배를 거부하고 있다. 4) 복음주의는 대중성에 초점을 맞추고, 대중적이 될 수 있도록 모든 방법과 수단들을 수용한다. 5) 새로운 테크닉들을 도입하여 사용한다. 6) 교단들 간의 충돌을 피하기 위해서 최저의 신학적 공통분모를 모색하고 찾는다. 7) 연합을 위해서 종교적 최소주의 (Religious minimalism)를 추구하고 있다.[157]

이러한 신학을 무시하는 현상은 오늘날 복음주의자들의 "복음주의에 대한 정의"에서 더욱 분명하게 나타난다. 오늘날 복음주의를 규정할 때, 가장 일반적으로 받아들이는 견해는 영국의 신

---

[157] D. G. Hart, *Deconstructing Evangelicalism: Conservative Protestantism in the Age of Billy Graham* (Grand Rapids: Baker, 2004).

학자 데이빗 베빙톤의 정의로서, "회심, 성경, 평신도의 전도와 선교 및 봉사, 그리스도의 죽음"의 4개의 중요한 요소를 가지고 있으면 그 신학적 배경이 무엇이든지 관계없이 복음주의라고 한다. 교회사학자들은 복음주의 역사적 뿌리를 18세기의 부흥운동으로 보고 있다. 휘튼 대학의 마크 놀 (Mark Noll)교수는 오늘날의 복음주의 운동의 시작을 조나단 에드워즈, 조지 휫필드, 존 웨슬레로부터 시작된 것으로 말한다. 놀 교수는 에드워즈와 웨슬레의 부흥 운동을 바벵톤이 정의한 복음주의 범주에서 같은 운동으로 간주한다. 이러한 신학적 태도와 접근이 복음주의의 가장 큰 특징이다. 그러나 이것은 매우 위험한 함정을 가지고 있다. 왜냐하면 에드워즈와 웨슬레의 신학적 차이를 무시하고 외형적인 것에서 공통점을 찾고 있기 때문이다. 에드워즈가 말한 회심과 웨슬레가 주장하는 회심은 전적으로 다른 것이며, 그들이 부흥을 추구한 방식도 다르다. 에드워즈는 철저한 교리를 가르치는 가운데 부흥을 기대했지만, 웨슬레는 감정적 체험과 성결의 체험을 강조하였다. 더욱이 에드워즈의 경우는 자신이 사역하는 동안에 알미니안주의를 오류로 보고 철저히 싸웠다. 그러나 놀 교수는 자신의 복음주의 시각에서 에드워즈와 웨슬레의 사역을 같은 운동으로 간주하고 있다. 역사적 사실을 외면하고 있다. 이것이 오늘날 복음주의 특징으로서 신학에 대해서는 묻지 말 것을 요구하고 있다.

복음주의의 위험성이 이렇게 지극한데, 오늘날 복음주의를 표방하는 교회는 전 세계에서 얼마나 분포되어 있는가? 미국 복음주의는 20세기 신학들 가운데 가장 영향력 있는 신학운동이었다. 복음주의 운동의 효과는 전 세계적으로 오늘날 강한 영향을 미치고 있다. 리젠트 대학의 교수인 데이빗 바렛(David Barrett)은 이러한 미국 복음주의의 효과가 전 세계적으로 미쳐서, 2004년 1월을 기준으로 해서 오순절 계통의 복음주의자의 숫자가 5억 7천만 명으로 그리고 그 외의 복음주의자들을 2억 4천 2백만 명으로 추산한다. 이렇게 미국의 복음주의 운동이 영향을 미칠 수 있는 신학적 원인은 (신)복음주의가 출발 할 때의 신학적 기저가 매우 포괄적이었다는 것과 (신)복음주의 운동이 복음전도와 선교 그리고 교회성장에만 초점과 강조를 두었기 때문이다. 복음주의는 19세기와 20세기 초의 건전하지 못한 신학들을 한군데로 집대성한 성격을 가지고 있다. 그럼에도 불구하고 더욱 심각한 것은 복음주의자들 스스로가 복음을 위해서 열심을 내고 있다고 자부하기 때문이다. 그러나 이들의 잘못된 신학과 방법론에 근거한 복음전파는 오히려 교회에 해를 더욱 가져다 주며 그 잘못된 신학으로 인해 위선자를 양산하는 것은 보다 분명하다.

25. 개혁신학의 역동성
(Dynamics of Reformed Theology)

■ ■ ■

교회 역사 속에서 교회에 침투한 잘못된 신학, 영적 바이러스들의 특징은 교회의 경건을 무너트리고, 교회가 세속적이 되도록 만드는 것이었다. 잘못된 신학은 우선 복음의 능력을 부정하고, 하나님 중심에서 떠나 매우 인간적이며, 영적이지 못하고 육신적으로 만든다. 결국 잘못된 신학은 바이러스와 같이 교회에 침투해서 이름뿐인 신자들을 양산하고, 위선자들이 번지도록 조장하여, 교회가 더 이상 교회가 되지 못하게 하였다. 이러한 잘못된 신학을 청교도들은 오류 (errors)라고 불렀다. 오류가 교회를 세속화하고, 교인들은 구원의 도에 대해서 무지하게 되어서 결국 교회가 부패하게 되는 것이다. 조나단 에드워즈가 교회 개혁을 위해 가장 먼저 문제점을 지적한 것은 잘못된 신학이다. 즉 그가 잘못된 신학에 의한 잘못된 구원의 확신과 무지를 든 것은 당시 교회의 문제점을 정확히 인식한 것이다. 메첸이 자유주의를 향하여 꾸짖은 것도 교리에 기초를 둔 기독교에서 교리를 제거하는 그들의 움직임 때문이었다. 따라서 교회가 세속화되어 경건의 능력을 상실하고, 교회에 명목적인 혹은 형식적인 교인들로 가득 찼다면, 그것의 원인은 먼저 신학적인 것에서 찾아야 한다. 즉 잘못된 신학과 가르침, 그리고 정통에서 어그러진 교리들이 들어왔기 때문이다. 이것은 예수님께서 바리새인과 사두개인의 누룩을 주의하라고 경고하신 것과 같은 원리이다(마 16:6). 바울은 어그러진 말을 하는 자들이 일어나서 교인들을 구원의 도에서 멀어지게 할 것을 예상하고, 에베소 장로들에게 특별히 권고하였다(행 20:30). 요한은 거짓된 교리를 가르치는 적그리스도가 이미 초대 교회에 많이 일어났다고 하였다(요일 2:18). 그러면서 정통의 가르침인 사도들의 교훈 가운데 거하라고 말하였다(요일 4:6). 요한계시록 3장에서 언급되고 있는 사데 교회는 행위도 있으며, 평판도 좋은 교회이었으나 죽은 교회라고 하였다(계 3:1). 사데 교회에는 참된 구원의 도를 아는 사람과 구원의 은혜 가운데 있는 자가 극히 적었다(계 3:4). 사데 교회가 이렇게 영적으로 타락한 이유는 사도들의 가르침에 주의하지 않았고, 지키지도 않았으며, 잃어버리고 있었기 때문이었다(계 3:3). 교회가 경건의 능력을 상실하고, 세속화되며, 교인들에게서 구원의 은혜가 눈에 똑똑히 드러나지 않는다면 반드시 개혁이 일어나야 한다. 그런데 개혁을 위해서는 교회의 문제점을 파악하여야 하는데 그것은 신학적이면서 영적이라는 것이다. 교회에 잘못된 가르침과 교리들이 들어와서 자리를 잡고 있다는 것이다. 잘못된 가르침과 교리들을 퇴치하고 바른 가르침으로 회복되어야 한다. 그래서 웰스는 "신학실종"에서 이 땅에

참된 교회가 세워지고, 참된 성도들로 세워지기 위해서는 사도들의 참된 가르침이 필수적이라고 강조한 것이다. 웰스는 올바른 교리 (딤전 1:10; 딛 1:9), 올바른 가르침 (딤전 6:3), 올바른 가르침의 모델 (딤후 1:13-14)이 결여된 기독교 신앙은 절대로 존재할 수 없다고 강조하였다. 올바른 교리를 믿는 것과 (요일 2:18-27; 4:1-6, 13-21), 올바른 교리에 순종하는 것 (요일 2:3-6; 2:28-3:10), 그리고 사랑의 삶을 통해 올바른 교리를 표현하는 것 (요일 2:7-11; 3:11-18; 4:7-12)은 교회의 본질적인 것이다. 그래서 사도들은 자신들의 가르침의 중요성을 그토록 강조하였고, 그것이 강력하게 보존되고, 전파되어지기를 원하였던 것이다. 그 이유는 그것만이 진리이었기 때문이다.

교회에 잘못된 신학과 오류들이 들어와서 그 폐해가 심각할 때마다 잘못된 신학의 위험성을 깨닫고 그것을 고치기 위해 일어난 개혁자들이 있었다. 영지주의자들이 일어났을 때 이레니우스가 그것을 퇴치하려고 애썼다. 펠라기우스가 일어나서 거짓된 교리들을 퍼트릴 때 어거스틴이 그것에 반격하여 교회가 잘못된 신학과 가르침으로 무너지지 않도록 수고하였다. 이레니우스와 어거스틴은 이러한 잘못된 신학에 대해서 고치려고 하였을 때, 자신들의 독특한 가르침으로 오류들을 퇴치한 것이 아니다. 이미 확고하게 설립된 사도들의 가르침을 가지고 잘못된 신학과 오류들을 물리친 것이다. 루터와 칼빈은 로마가톨릭의 오류와 싸웠다. 이때 루터와 칼빈이 로마가톨릭의 오류를 드러낼 때, 그들은 가장 먼저 사도들의 가르침을 가지고 로마 교회가 사도들의 가르침에서 벗어난 것을 지적하였다. 그리고 루터와 칼빈은 어거스틴의 작품들을 사용하여 로마 가톨릭 교회의 오류를 밝혀냈다. 이렇게 사도들의 가르침을 근간으로 해서 교회의 오류를 퇴치하는 운동은 교회사에서 자연스럽게 "개혁신학"이라는 것을 형성하게 되었다. 종교개혁의 개혁 신학은 우선 사도들의 가르침과 그들의 앞에 있었던 개혁자들, 즉 사도들의 가르침을 가지고 그 당시의 교회의 오류와 싸웠던 자들의 신학의 유산을 계승 받아서 자신들의 시대의 오류와 싸우고 퇴치 운동 혹은 개혁 운동을 한 산물이다. 이러한 개혁신학은 종교 개혁 이후에도 계속 그 기능을 발휘하였다. 왜냐하면 교회가 개혁이 되었지만 신학적 오류와 잘못된 가르침은 계속 일어나서 교회를 무너트리기 위해 공격하기 때문이다. 그래서 "개혁된 교회는 계속 개혁해야 한다"는 구호가 나온 것이다. 청교도 시대에는 로마가톨릭의 오류가 여전히 존재하고 있었으며, 알미니안주의가 유행하였다. 그리고 청교도 시대의 중기에 도덕률폐기론주의자들이 득세하였다. 따라서 종교 개혁의 원리를 잘 알고 있었던 청교도들은 이러한 오류를 퇴치하는 개혁운동을 전개하였다. 물론 이러한 잘못된 신학을 고치려고 할 때 그들은 가장 먼저 사도들의 가르침을 원재료로 사용하였으며, 개혁신학으로 형성된 앞선 개혁신학자들의 작품들을 사용하였다. 물론 청교도 시대의 오류를 퇴치하기 위해서이다. 이로써 청교도 시대의 개혁신학은 앞선 종교 개혁시대의 개혁신학 보다 신학적 유산이 더욱 풍성하게 되었다. 청교도 시대 이후 18세기에 이르러 역시 교회가 경건의 능력을 잃어가고 있었다. 이때에도 교회의 문제점이 신학적인 것과 잘못된 신학과 교리로 인한 것을 깨달은 신학자와 목회자들이 일어났다. 조나단 에드워즈와 길버트 테넨트, 조나단 디킨슨과 같은 인물이 그 예이다. 그들은 교회 개혁을 위해서 먼저 사도들의 가르침과 그리고 이미 종교개혁과 청교도의 개혁신학의 영적 유산들을 사용하였다. 그들은 종교개혁과 청교도들의 가르침을 집중적으로 가르쳤다. 이때 하나님의 예외적인 축복인 부흥을 경험하면서, 교회는 올바른 교리를 가르치는 것으로 회복되었으며, 경건의 능력을 다시 찾았다. 19세기에 이르러 교회는 여전히 잘못된 가르침의 공격을 받았다. 잘못된 신학과 교리들로 인하여 교회는 세상적이 되었다. 교회에는 명목적 신자들이 넘쳤으며, 그들은 구원의 도에 대해서 잘 알지 못했다. 이것을 개혁하려는 신학자와 목회자들이 다시 일어났다. 그들은 사도들의 정통의 가르침과 종교 개혁의 가르침, 청교도들의 가르침과 함께 조나단 에드워즈의 제 1차 영적 대각성 당시의 가르침들을 중요하게 가르쳤다. 교회를 개혁하기 위한 방법이었다. 1800년에서 1825년까지 제 2차 영적 대각성을 경험하게 되고, 교회는 경건의 능력과 올바른 가르침을 회복하였다. 앞서서 살핀 것과 같이 19세기에는 웨슬레안 완전주의와 성결부흥운동이 크게 일어났다. 그러나 이것은 신학적으로 심각한 오류를 가지고 있는 것이며, 비록 외적인 효과가 크다고할지라도 결국에는 경건을 무너트리는 가르침이다. 이러한 오류에 대항해서 개혁신학 운동이 일어났다. 프린스톤 신학교 교수들을 중심으로 잘못된 신학 퇴치 운동이 19세기에 계속되었다. 물론 그들은 사도들의 가르침과 종교 개혁의 유산과 청교도와 대각성의 유산들을 가지고 있었기 때문에 그것을 재료로 해서 개혁운동을 펼친 것이다. 어거스틴이 펠라기우스 신학을 물리치기 위해 애쓴 것과 같은 성질의 개혁이다. 이때 개혁신학자인 벤자민 워필드가 20세기 초까지 수고하였는데, 존 오웬이 알미니안주의 이단성을 경고한 것과 같은 내용이었다. 또한 이것은 에드워즈가 알미니안주의의 퇴치를 위해 평생 수고한 것과 같은 원리다. 1857-58년에 부흥을 경험하고, 프린스톤 신학교 내에서도 부흥을 계속 경험하였다. 개혁신학을 깨우치는 곳에 성령께서 역사하신 것이었다. 20세기에 들어오면서 자유주의가 유행하였다. 이때 자유주의에 대항해서 그 오류와 싸운 신학자가 있는데, 그레샴 메첸을 들 수 있다. 그는 특히 초대 교회의 사도들의 가르침이 기독교의 근간임을 강조하였다. 바울의 복음의 교리들을 강조하였다. 그는 니케아 신조를 언급하였고, 칼빈과 투레틴, 그리고 청교도들을 언급하였다. 잘못된 거짓의 가르침을 물리치기 위해서 지금까지의 개혁신학의 유산들을 사용하였다. 20세기 중반에 복음주의가 크게 유행하자, 개혁신학자들이 일어나 그것의 오류를 지적하였다. 코넬리우스 반틸은 복음주의가 알미니안주의와 보편주의, 불신자의 이성과 일치하고 있다고 지적하였다. 한국에서는 박형룡 박사가 복음주의자들은 현대 자유주의가 갔던 길을 그대로 답습할 것이라고 하였다. 이들이 이렇게 경고하고 그 오류를 지적하였던 것은 개혁신학이 가지고 있는 역동성 때문이다. 개혁신학은 사도들의 가르침을 근거로 해서 교회사 속에서 오류와 싸운 결과로서 신학적 유산이 풍부하다. 그래서 교회에 침투한 오류를 보게 되면 그 위험성을 알기 때문에, 그것을 개혁하기 위한 노력을 기울이게 된다. 개혁신학이란 단순히 튤립 (Tulip) 교리로 한정되지 않는다. 그것은 알미니안주의자들의 항변에 대한 환질명제에 불과하다. 또한 그것은 개혁신학의 수많은 나무가지 중 몇 개 일뿐이다.[158] 개혁신학은 교회에 침투한 오류를 물리치는 운동의 결과이다. 그래서 그것은 각 시대 마다 나타난 오류에 대해서 퇴치하고 개혁함으로 역동성을 가지게 된 것이다. 그 역동성은 사도들의 가르침을 보존하고, 지키려는 것에서 나온 것이다. 개혁신학은 진리에 대한 열정을 가지고 있는 체계이다.

그렇다면 오늘날 교회는 어떠한가? 특별히 복음주의의 영향력으로 교회 역사 속에서 오류와 위험한 신학으로 다루어지던 가르침들이 더 이상 오류가 아닌 시대를 만났다. 오웬이나 에드워즈가 그토록 경계하였던 신학들이 버젓이 기존의 교단 신학으로 자리를 잡고 있다. 더욱이 포스트모더니즘의 영향 아래에서 진리의 절대성이 무너졌다. 기독교의 근거를 이루고 있는 사도들의 가르침들이 내 던져지고 있다. 교회에서 세상의 학문이 성경을 대신하고 있다. 경건이 무너지고, 세상의 문화가 교회를 점령하였다. 생명을 얻게 하는 복음은 인간의 지혜로 재구성된 거짓 복음으로 대체되었다. 사람들에게 흥분을 주는 유사복음이 더욱 인기를 끌고 있다. 성공지상주의는 십자가의 고난을 삭제하고 말았다. 외적 성장의 효과를 얻기 위해 하나님이 정하신 수단에 의지하기 보다는 인간의 테크닉과 기술이 우선시 되고 있다. 강단에서는 성경을 강론하기 보다는 세상적인 예화와 간증과 우스운 이야기 거리로 가득 차게 되었다. 물론 교회는 외적으로 상당히 비대해

---

158) 워필드의 언급이다. 이것은 반틸의 "변증학"에서 인용되었다.

져 있다. 교인들의 수도 결코 적은 숫자가 아니다. 그러나 그 속에서 진정으로 구원의 은혜를 받은 자가 얼마나 되겠는가? 이러한 상황은 오히려 종교개혁이 일어나기 직전 보다 더욱 심각한 것으로 판단된다. 그러면 어떻게 개혁을 해야 하는가? 그것에 대한 대답은 우선 사도들의 가르침으로 돌아가야 한다. 사도들의 가르침에 충실해야 한다. 그리고 개혁신학의 신학적 유산들을 통해서 교회의 문제점을 신학적으로 재해석해야 한다. 개혁신학의 신학적 유산들은 오늘날 교회의 문제점이 무엇인지를 잘 보여 줄 것이다. 왜냐하면 개혁신학은 복음의 교리들을 가장 순수하게 보존하고 있는 체계이기 때문이다. 그리고 교회사 가운데 개혁신학은 교회 개혁을 계속 이끌어 왔기 때문이다. 우리는 이제 개혁신학의 원리들을 오늘날 교회에 가감히 적용해야 한다. 왜냐하면 이러한 것들을 통해서 오늘날 교회들이 왜 경건의 능력을 잃었는가를 확인 할 수 있기 때문이다. 또한 무엇이 교회를 무너트렸는지를 확인할 수 있다. 그리고 어떻게 잘못된 신학인 영적 바이러스를 교회에서 퇴치해야 하는지 그 원리도 알 수 있다. 아울러 어떻게 올바른 교리들을 더욱 견고히 하여 교회의 거룩함과 정결함과 경건의 능력을 회복할 수 있는지 그 원리에 대해서도 통찰력을 얻을 수 있다.

"개혁신학은 이 세상의 유일 무이한 소망이다"
(벤자민 워필드)